Hans-Arved Willberg und
Cornelia Gorenflo

Den Weg
der Trauer gehen

SCM

Stiftung Christliche Medien

Bestell-Nr. 394.727
ISBN 978-3-7751-4727-9

© Copyright der deutschen Ausgabe 2008 by
SCM Hänssler im SCM-Verlag GmbH & Co. KG · 71088 Holzgerlingen
Internet: www.scm-haenssler.de
E-Mail: info@scm-haenssler.de
Umschlaggestaltung: Jens Vogelsang, Aachen
Titelbild: shutterstock.com
Satz: typoscript GmbH, Kirchentellinsfurt
Druck und Bindung: CPI – Ebner & Spiegel, Ulm
Printed in Germany

Inhalt

Vorwort

Früher starben die meisten Menschen, *bevor* sie alt wurden. Insbesondere die Kindersterblichkeit war sehr hoch. Wir sind dankbar, dass sich das verändert hat, aber es hat auch seinen Preis: Wir haben den Umgang mit Tod und Sterben und dadurch auch die Kunst des Trauerns verdrängt und verlernt. Der Tod und das Trauern hatten früher viel mehr als heute ihren Platz im Alltagsleben. Wir haben sie an den Rand der Lebenszeit gedrängt, als seien sie Angelegenheiten des hohen Alters. Solange wir uns noch jung fühlen, meinen wir ein Recht darauf zu haben, nicht damit belästigt zu werden. Sterben, Tod und Trauer gehören nicht dazu, sie kommen uns quer. Aber sie kommen trotzdem auf jeden von uns zu, schneller, als uns lieb ist. Wir müssen uns neu erschließen, was das ist und wie das geht: unwiderruflich Abschied zu nehmen von Menschen, die uns viel bedeuten, und den existenziellen Verlust zu verarbeiten. Und unwiderruflich selbst diese Welt zu verlassen.

Da wir alle irgendwann am Ende unseres Lebens stehen, überrascht es nicht, dass die entsprechenden Statistiken hohe Zahlen aufweisen. Dennoch mag es helfen, sich das einmal bewusst zu machen: Mehr als 800 000 Menschen sterben jährlich in Deutschland. Mehr als sechs Millionen Menschen in unserem Land sind verwitwet. Weil davon vor allem alte Menschen betroffen sind und es immer mehr alte Menschen gibt, wird diese Zahl in den kommenden Jahren stark ansteigen. Fast jeder zehnte Deutsche ist verwitwet und jeder Hundertste von uns wird im Lauf dieses Jahres selbst vom Tod abgeholt.

Die meiste Trauerliteratur konzentriert sich fast ausschließlich auf den Verlust naher Angehöriger durch den Tod. Das ist in diesem Buch ebenfalls der Schwerpunkt. Aber sehr vieles lässt sich auch auf die Verarbeitung anderer Verlusterfahrungen übertragen. Die Trauer von Freunden ist hier zu nennen. Obwohl sie ähnlich stark wie die Trauer von Angehörigen sein kann, findet sie bislang kaum öffentliche Aufmerksamkeit. Die Trauer von Frauen nach einer Abtreibung ist ein sehr wichtiges Thema, das ebenfalls zu wenig Aufmerksamkeit erfährt. Nicht zu vergessen ist natürlich auch die Trauer nach Trennung und Scheidung, die ebenfalls sehr viel mit der

Trauer nach dem Verlust eines Angehörigen durch Tod gemeinsam hat, bis auf folgende Besonderheiten:

- Das Gelingen des Trauerprozesses hängt in diesen Fällen auch stark davon ab, ob die ehemaligen Partner ihren jeweils eigenen Anteil am Scheitern der Ehe erkennen und einander vergeben, denn es gibt wohl kaum eine Scheidung ohne schwere seelische Verletzungen.
- Nicht nur der Verlust muss betrauert und verarbeitet werden, sondern auch das Scheitern und die Scham.
- Es kann den Trauerprozess sehr erleichtern, wenn die Trennung nicht plötzlich erfolgt, sondern sich langsam angebahnt hat, und wenn die Partner einvernehmliche Regelungen finden.
- Geschiedenen wird die Trauer gesellschaftlich viel weniger zugestanden als Menschen, die einen Verlust durch Tod zu beklagen haben.
- Aggression wird wiederum Geschiedenen eher zugestanden als Trauernden, und da der andere noch da ist, hat sie ein konkretes Ziel.

Im ersten und zweiten Teil dieses Buchs werde ich auf den Trauerprozess aus therapeutischer Sicht eingehen. Im dritten Teil schreibt Cornelia Gorenflo aus ihrem persönlichen Leben, da vor einigen Jahren ihr Mann gestorben ist. Beide helfen dem Trauernden, das Licht am Ende des Tunnels zu sehen. Auch Therapeuten und Seelsorger gewinnen wertvolle Einsichten.

Hans-Arved Willberg

Teil I:
Den Trauerweg verstehen

Hans-Arved Willberg

Wesen und Sinn der Trauer

Traurigkeit ist ein Gefühl. Trauer ist viel mehr als das: Sie ist ein Bewälti-
gungsprozess. Er wird notwendig bei Verlusterfahrungen, die tatsächlich
so groß sind, dass sie eine tief greifende Veränderung des Lebenskonzepts
erzwingen. Das braucht Zeit und beansprucht Priorität.

Schwer verletzt

Ist Trauer eine Krankheit? Es gibt gesunde Kranke und kranke Kranke.
Damit will ich sagen: Es gibt Menschen, die gesund mit ihrer Krankheit
umgehen, und es gibt solche, die sich unnötig zusätzliche Schwierigkei-
ten damit machen: Menschen, könnte man sagen, die gekränkt auf ihre
Krankheit reagieren. Sie akzeptieren nicht, dass sie krank sind, und können
gerade darum nicht gesund werden. Denn die Voraussetzung aller heilsamen Veränderungen ist die Selbstannahme: »Ich habe ein Problem und
es ist nichts Schlimmes daran, dass ich es habe. Ich habe es, weil ich ein
Mensch bin. Alle Menschen haben Probleme. Ich nehme das Problem an,
ich betrachte es als Herausforderung für mein Leben, um als Persönlichkeit
daran zu wachsen.« So sieht gesunder Umgang mit Krankheit aus. Kranker
Umgang mit Krankheit entsteht durch die Ablehnung des Problems. »Mir
darf so etwas nicht passieren! An mir darf sich keine Schwäche zeigen!«
und dergleichen mehr. Mit solchen Gedanken machen wir uns Probleme
mit den Problemen – und dadurch werden wir erst recht krank.

Ob wir das Problem als Krankheit bezeichnen wollen oder nicht,
entscheiden wir selbst. Die Weltgesundheitsorganisation bietet mit der
»Internationalen Klassifikation von Krankheiten« (ICD) ein umfassendes
Schubladensystem an, nach dem wir unsere gesundheitlichen Probleme
nach dem Unterscheidungsmerkmal »krank« oder »nicht krank« einsortie-
ren können. Wir können es, aber wir müssen es nicht. Es kommt darauf
an, was günstiger für uns ist. Das Etikett »krank« kann brandmarken und
notwendige Aktivitäten verhindern, aber es kann auch die Tür zu einem

Schutzraum bieten. In unserer Gesellschaft sind mit der Krankenrolle folgende Rechte und Pflichten verbunden:

- Sie befreit vorübergehend von einigen Verpflichtungen und Verantwortlichkeiten.
- Sie ruft Verständnis für die betroffene Person hervor.
- Sie berechtigt dazu, hilfsbedürftig zu sein.
- Sie berechtigt und verpflichtet dazu, sich ganz auf die Genesung zu konzentrieren.

Wer als krank angesehen wird, hat ein Recht auf Rückzug. Wer nicht als krank angesehen wird, gilt unter den gleichen Umständen möglicherweise als Versager. Es kann hilfreich sein, sich die Krankenrolle zuschreiben zu lassen, um damit vom moralischen Druck frei zu sein und dadurch besser mit der Belastung umgehen zu können. Es ist aber nicht hilfreich, andere Menschen oder sich selbst aufgrund gewisser diagnostischer Kriterien auf die Krankenrolle festzulegen. Jeder soll für sich selbst entscheiden können, was er in den Mittelpunkt stellen möchte: sein Gesundsein oder sein Kranksein.

Trauer ist ganz gewiss *keine* Krankheit, wenn, wie so oft, unter »Krankheit« eine persönliche Schwäche verstanden wird, deren man sich schämen muss, weil man sie besser im Griff hätte. Manche Autoren lehnen es darum kategorisch ab, Trauer als Krankheit zu bezeichnen. Trauer ist nämlich keine peinliche Schwäche, sondern ein notwendiger Verarbeitungsprozess und als solcher »Ausdruck seelischer Gesundheit« (Wunibald Müller)[1].

Aber wenn man auch darüber streiten mag, ob Trauer eine Krankheit *ist:* Weit weg davon ist sie jedenfalls nicht. Trauer kann krank *machen.* Sie wirkt sich auf den ganzen Menschen aus: Leib, Seele und Geist leiden darunter. Sie schwächt die Gesundheit, unter Umständen erheblich und unumkehrbar. Es ist erwiesen, dass nichts so viel Stress erzeugt wie der Verlust eines nahen Angehörigen. Ein Übermaß an Stress ist aber Hauptfaktor vieler psychischer und körperlicher Störungen. Das Immunsystem eines trauernden Menschen ist geschwächt – die Anfälligkeit für

Infektionen ist erhöht. Die Trauer ist eng verwandt mit der Depression. Die Neigung zu Drogenkonsum (besonders Medikamente, Alkohol) ist erhöht. Unter anderem werden auch Angststörungen und psychosomatische Erkrankungen durch Trauer begünstigt. Man schätzt, dass Trauernde 25 bis 30 Prozent mehr psychische Erkrankungen erleben als die Normalbevölkerung. Außerdem sind die Sterblichkeit (z. B. durch Unfälle) und die Selbstmordgefährdung stark erhöht.

Es gibt eine Vielzahl von Trauersymptomen. Tabelle 01 gibt einen Überblick.

Körperlich	Seelisch	Sozial	Geistlich
Schlaflosigkeit	Große Unruhe	Starker sozialer	Erlebte Gottverlas-
Kopfschmerzen	Angst	Rückzug	senheit
Spannung	Panik	Feindseligkeit	Starke Zweifel
Erschöpfung	Wut	Distanziertheit	Wut gegen Gott
Energiemangel	Depression	Hilflosigkeit	Hoffnungslosigkeit
Appetitstörungen	Nervosität		Nicht mehr beten
Leeregefühl im	Überempfindlich-		können
Magen	keit		Erscheinungen
Gewichtsverlust	Hyperaktivität		
Herz-Kreislauf-	Selbstwertprobleme		
Störungen	Grübeln		
Herzschmerzen	Antriebsschwäche		
Magen-Darm-	Schuldgefühle		
Störungen	Reizbarkeit		
Atembeschwerden	Derealisation		
Brustbeklemmun-	Depersonalisation		
gen	Leeregefühl		
Zugeschnürte	Niedergeschlagen-		
Kehle	heit		
Lähmende Mü-	Wahrnehmungspro-		
digkeit	bleme		
Sexuelle Dysfunk-	Verwirrung		
tion	Geistesabwesenheit		
Muskelschwäche	Sinnestäuschungen		
Mundtrockenheit	Halluzinationen		
	Auditionen		

Die lange Liste der Symptome legt es nahe, einem Trauernden durchaus die Krankenrolle anzubieten. Und sie lässt verstehen, dass sich manche Fachleute dafür aussprechen, Trauer tatsächlich als Krankheit zu bezeichnen. Sind Verletzungen Krankheiten? Jedenfalls kommen körperlich schwer verletzte Menschen sofort ins Krankenhaus und selbstverständlich werden sie krankgeschrieben, bis die Wunden wieder verheilt sind. Aber auch Trauer ist, wie viele Autoren und Betroffene berichten, der Heilungsprozess einer schweren Verletzung, wie nach einer Amputation. »Trauernde fühlen sich, wie wenn sie eine große Wunde wären«, schreibt der Theologe Wunibald Müller. »Sie fühlen sich ungeschützt, besonders verletzbar, krank, angeschlagen und schwach. Ihnen ist etwas angetan worden. Sie sind verletzt worden.«[2] Die Erfahrungsberichte Betroffener bestätigen das:

»Es ist, wie wenn man ihn von mir weggerissen hätte,
ohne jede Vorwarnung – und ich fühle mich ganz verwundet,
ich bin eine offene Wunde, ich blute, ich fürchte, ich blute aus.
Aber was soll's, dann bin ich auch tot...«
                                        Eine Frau nach dem Unfalltod ihres Mannes[3]

»Werde ich weiterleben können ohne meinen Mann?
Nein, denke ich, an dieser Wunde muss ich verbluten.
Sie ist unheilbar.«
                                        Die Pfarrerin Hannelore Risch,
                                        kurz nach dem Tod ihres Mannes[4]

»Eben waren wir noch ein Ganzes, jetzt war die eine Hälfte
wie abgerissen.«
                                        Die Fernsehmoderatorin Dagmar Berghoff,
                                        kurz nach dem Tod ihres Mannes[5]

»Danach fühlte ich mich wie amputiert. Das Gefühl
schien unerträglich.«
                                        Die Politikerin Renate Schmidt,
                                        kurz nach dem Tod ihres Mannes[6]

Neuorientierung

Trauer ist zwar sehr oft auf den Verlust einer anderen Person bezogen, aber nicht immer und nicht ausschließlich. Ich denke an Herrn Zett, der zu mir in die Beratung kam. Seine Ehe war zerbrochen. Über viele Jahre hinweg hatte er immer neu gehofft, seine Frau würde den Alkohol loslassen können. Nun hatte sie es wieder versprochen und doch nicht gehalten. Sie trank heimlich und log ihm etwas vor. Herr Zett sah keine andere Möglichkeit, als konsequent zu sein. Er bestand auf Trennung. Kurz darauf fand seine Frau einen neuen Freund und zog mit ihm zusammen. Zuerst war Herr Zett erleichtert, dass die schwere Zeit mit den vielen Streitereien zu Ende war. Er lebte auf. Aber dann brach bei ihm massive Trauer aus. »Es tut unwahrscheinlich weh, ich halte es schier nicht aus«, sagte er. »Einen Neuanfang mit meiner Frau schließe ich aus – es ist kein Vertrauen mehr da. Und damit geht es mir auch gut. Ich werde selbst demnächst die Scheidung einreichen. Was mir jedoch gerade allen Sinn und alle Hoffnung raubt, ist ein anderer Gedanke: Dass ich zwei Jahrzehnte mit dieser Frau darauf zugelebt und alles darein investiert habe, eine gute, glückliche Beziehung zu führen. Mein Lebenskonzept ist zerbrochen.« – »Sie hatten sich das alles sehr anders vorgestellt«, antwortete ich. »Ja, und ich fühle mich auch so schuldig gegenüber meinen Kindern. Sie hatten keine glückliche Kindheit. Immer erlebten sie Streit. Ich hätte viel früher konsequent sein sollen. Nun stehe ich vor einem Scherbenhaufen.« Dass Herr Zett seine Frau verloren hat, ist nicht sein Hauptproblem. Was ihm noch mehr zu schaffen macht, ist sein eigenes Scheitern.

Egal, ob das Verhältnis als schön oder als schlimm erlebt wird: Dort, wo wir in einer engen Beziehung zu einem anderen Menschen leben, richten wir uns sehr stark auf ihn aus. Wir gestalten unser Lebenskonzept in Bezug zu ihm, so wie wir einen Weg einem Berg anpassen, gleich, ob wir den Berg mögen oder nicht. Viele Trauernde sprechen von ihrer »Amputationswunde«: Sie waren so auf den anderen eingestellt, als wären sie ein Stück weit mit ihm verwachsen. Und nun gehen auf einmal diese vielen Verbindungsstränge ins Leere. Der Schriftsteller C.S. Lewis schrieb nach dem Tod seiner Frau:

»Ich glaube, ich fange an zu begreifen, warum das Gefühl der Trauer so sehr dem der Spannung gleicht. Es kommt daher, dass so viele zur Gewohnheit gewordene Impulse vereitelt werden. So viele Gedanken, Gefühle und Handlungen hatten H. zum Gegenstand. Jetzt sind sie ihres Zieles beraubt. Gewohnheitsmäßig setze ich den Pfeil auf die Sehne; dann erinnere ich mich und muss den Bogen niederlegen. So viele Straßen führen die Gedanken zu H. Ich betrete eine. Doch jetzt sperrt sie unausweichlich ein Schlagbaum. Was früher Wege waren, sind jetzt ebenso viele Sackgassen.«[7]

Ein anderes Bild aus der Trauerliteratur ist das zweier nebeneinanderstehender Bäume. Wenn einer der beiden entwurzelt ist, dann steht der andere unvollständig da: Dort, wo sich jener befand, hat er die eigenen Zweige und Äste nicht ausgebildet. Er hat sein Gleichgewicht verloren. Erst allmählich bildet er neue Wurzeln zur Festigung und neue Äste dort aus, wo die Lücke klafft. Diese Herausforderung zur Neuorientierung ist es, was Herrn Zett so zu schaffen macht.

»Allem Trauern ist gemein, dass es aus den Bahnen des Normalen wirft«, schreiben die Trauerexperten Müller und Schnegg.[8] Um das noch besser zu verstehen, lohnt sich ein Blick auf die Erkenntnisse der Neuropsychologie über den Sinn und die Bewältigung von Krisen. Dort geht man davon aus, dass der Mensch stets darauf ausgerichtet ist, das Gleichgewicht seiner seelischen Grundbedürfnisse aufrechtzuerhalten. Wenn es ins Schwanken gerät, kommt er in Stress. Wenn die Schwankungen ausgeglichen werden können, spricht man von einer *kontrollierten* Stressreaktion. Wenn das nicht gelingt und die Kontrolle ihm entgleitet, erfolgt eine *unkontrollierte* Stressreaktion.[9]

»Wir haben die Stressreaktion nicht deshalb, damit wir krank werden, sondern damit wir uns ändern können«[10], meint der Neurobiologe Gerald Hüther. Er begründet seine Behauptung mit den Vorgängen, die sich unter Stress in unserem Gehirn abspielen: Das Gehirn ähnele einer großen Baustelle, auf der ständig neue Strukturen eingerichtet und alte verändert, aufgelöst oder neu kombiniert würden. Gedächtnisinhalte und Lernerfahrungen entstünden im Gehirn nicht, indem Informationen in fertige »Schubladen« abgelagert würden. Sondern indem sich Nervenzellen zu neuen Mustern zusammenfügten sowie bereits bestehende Muster ergänzten, umstrukturierten oder ersetzten. Wenn wir also etwas Neues lernen und Gewohnheiten ausbilden, vollzieht sich das im Gehirn durch Neuverschaltungen von Nervenzellen (Neuronen). Je stärker eine Gewohnheit ist, desto stabiler sind die Verschaltungsmuster der Gehirnzellen, in denen sie verankert ist.

Man kann seine Wohnung verändern, indem man neue Bilder und Gardinen aufhängt, indem man die Einrichtung entfernt, tapeziert und alles neu möbliert oder indem man das Haus anzündet und in Schutt und Asche legt. Ähnliches gilt für seelische Umstrukturierungen. Wenn neue Herausforderungen auf uns zukommen, gibt es grundsätzlich drei Modelle der Verarbeitung durch das Gehirn:

Verarbeitungsmodell	Neuronaler Prozess
1. Das Neue wird integriert. Der Konflikt wird als Krise erlebt, aber er führt nicht zum Verlassen des eingeschlagenen Weges (kontrollierter Stress).	Ein im Lauf der Jahre erworbenes günstiges neuronales Verschaltungsmuster für den Umgang in Konfliktsituationen geht aus der Krise gestärkt und erweitert hervor.
2. Das Neue kann nicht integriert werden. Der Konflikt wird als existenzielle Krise erlebt (unkontrollierter Stress). Der eingeschlagene Weg hat sich als Sackgasse erwiesen. Es sind aber genügend Ressourcen für einen neuen Anfang vorhanden.	Das bestehende Verschaltungsmuster wird teilweise zerstört, aber ein anderes, den veränderten Umständen angemessenes, wird aufgebaut.
3. Das Neue kann nicht integriert werden. Der Konflikt wird als existenzielle Krise erlebt (unkontrollierter Stress). Der eingeschlagene Weg hat sich als Sackgasse erwiesen. Die Ressourcen sind aufgebraucht und es kommt nicht zu einem guten neuen Anfang.	Die Zerstörung des bestehenden Verschaltungsmusters ist so groß, dass der Schaden den konstruktiven Neuaufbau verhindert.

Da es zu den menschlichen Eigenschaften gehört, bequem gewordene Gewohnheiten nicht ohne Not aufzugeben, auch dann, wenn ihre Aufrechterhaltung einen hohen Preis kostet, muss der Prozess manchmal gewissermaßen »gewaltsam« in Gang kommen. Darin kann der Sinn schwerer Krisen bestehen. So wichtig stabile neuronale Verschaltungen für uns sind, so problematisch können sie auch werden, weil sie neue Erfahrungen entweder in das bestehende Schema einpassen oder gar nicht erst aufnehmen. Ständig bewertet unser Gehirn die Flut von Informationen, die es durch die Sinnesorgane bekommt, und sortiert aus, was es nicht brauchen kann. Bei unvermeidlich Unangenehmem schlägt es Alarm – die Stressreaktion nimmt ihren Lauf. Sie dient dazu, mit der Störung zurechtzukommen, indem diese durch erhöhten Widerstand integriert oder beseitigt wird.

Wenn das immer funktionieren würde, könnten wir nichts wirklich Neues lernen, denn alles Weiterkommen wäre nur eine Fortentwicklung bereits bestehender Verschaltungen. Sind diese aber nicht mehr angemessen, weil sie beispielsweise nur für bestimmte Aufgaben des Kindesalters angelegt waren, dient es dem Wachstum, wenn sie teilweise aufgelöst werden. Das schafft Raum für neue Verschaltungen. Dann wirken sich die alten Muster nicht mehr störend auf die Entwicklung aus. Darum kann Hüther zusammenfassend sagen: »Die Stressreaktion ist […] der große Modellierer, der […] im Lauf unseres Lebens immer wieder dafür sorgt, dass zunächst zwar richtige, sich später aber als Sackgassen erweisende Verschaltungen aufgelöst und neue Wege eingeschlagen werden können.«[11] Der bekannte Bindungs- und Trauerforscher John Bowlby schreibt:

> »Da es notwendig ist, alte Muster des Denkens, Fühlens und Handelns abzulegen, ehe neue gebildet werden können, ist es nahezu unvermeidlich, dass ein Trauernder manchmal verzweifelt und meint, alles sei verloren, und folglich in Depression und Apathie verfällt. Wenn alles gut geht, wechselt diese Phase aber unter Umständen bald mit einer Phase ab, in der er die neue Situation, in der er sich befindet, zu prüfen und über Wege nachzudenken beginnt, sie zu bewältigen. Dazu gehört eine Neudefinierung sowohl seiner selbst als auch der Situation.«[12]

Gesunde Trauer entspricht Hüthers zweitem Verarbeitungsmodell. Aufgrund einer schweren Erschütterung des Bedürfnisses nach Orientierung, Sinn und Kontrolle kommt es zu einer unkontrollierten Stressreaktion. Sie erfüllt ihren Sinn, wenn anschließend neue Nervenmuster gebildet werden, die dem Bewusstsein der betroffenen Person die Sicherheit vermitteln, wieder das Gleichgewicht der seelischen Grundbedürfnisse erreicht zu haben. Dann ist die seelische Wunde geheilt. Krankhafte Trauer entspricht dem dritten Verarbeitungsmodell: Der Schaden ist entweder so übermäßig groß oder er wird so bewertet, dass der neuronale Neuaufbau verhindert wird und stattdessen die traumatische Erfahrung beständig weiterwirkt. Das kann die Psyche nicht lange ausgleichen – der Mensch wird seelisch krank. Oft geraten Trauernde an dieser Stelle in chronische Depressivität. Der Trauerprozess stagniert; sie dringen nicht bis zur Akzeptanz des Verlusts durch.

Vieles spricht dafür, Depression generell als eine kranke Form der Trauer anzusehen. Da Trauer und Depression sehr eng zusammenhängen, betrachten wir diesen Aspekt nun gesondert.

Trauer und Depression

Äußerlich gesehen scheinen Trauer und Depression Zwillingsschwestern zu sein, denn ihre Erscheinungsbilder haben viel Ähnliches. Aber bei genauerem Hinsehen sind doch sehr deutliche Unterschiede zu erkennen.

Den Zusammenhang von Trauer und Depression hat Sigmund Freud als Erster gründlich untersucht. Freud meinte, dass Depression die Trauer ersetzen könne.[13] Die äußere Erscheinungsweise von Trauer und Depression decke sich weitgehend – bis auf einen wesentlichen Unterschied: Bei der Depression sei das »Selbstgefühl« gestört. Auch die Depression sei eine »Reaktion auf den Verlust eines geliebten Objekts«.[14] Aber im Gegensatz zur Trauer verheile dort die Wunde nicht, sondern die Depression sauge die Kräfte des Ich nur immer mehr auf. Die Trauer hingegen führe dazu, das »geliebte Objekt« wirklich loszulassen. Das gestörte Selbstgefühl des Depressiven äußere sich in schweren Selbstvorwürfen. Der depressiv

Trauernde denke über sich selbst, er sei nichts wert, leiste nichts und er sei ein moralischer Versager. Freud sah in der depressiven Selbstabwertung eine gegen das Selbst gerichtete Wut, die eigentlich dem verlorenen Liebesobjekt gelte. Der Trauernde identifiziere sich mit diesem und räche sich an der verinnerlichten verlorenen Person stellvertretend durch Selbstbestrafung bis hin zum Selbstmord.

Der von Freud behauptete Zusammenhang von Trauer und Depression kann heute als wissenschaftlich gesichert gelten, und auch seine Erklärungen dafür sind noch aktuell. Allerdings weiß man heute, dass es viele Gründe für das Zustandekommen von Depression gibt. Aber die bereits von Freud genannten spielen dabei eine wichtige Rolle.

Der Brite John Bowlby (1907–1990), der durch seine bahnbrechende Erforschung kindlicher Bindungsmuster und ihrer Konsequenzen berühmt wurde, meinte sogar, es könne kaum Zweifel geben, »dass ein Großteil der psychiatrischen Erkrankungen ein Ausdruck pathologischen Trauerns ist«.[15] Der Forscherkreis um Bowlby fand heraus: Die Erfahrung, einen nahen Menschen durch den Tod verloren zu haben, kann für die betroffene Person zum Modell werden. Nach diesem Modell reagiert sie später auch auf weniger dramatische Verluste.

Wenn das so ist, wird verständlicher, warum ein depressiv reagierender Mensch aus vergleichsweise kleinen Anlässen große Katastrophen konstruiert. Es ist wie bei einem Trauma: Wenn etwa jemand schreckliche Kriegserfahrungen gemacht hat, können ganz harmlose Auslöser wie zum Beispiel ein Knall die emotionale Erinnerung plötzlich wieder so stark aktivieren, dass er große Angst bekommt. Ähnlich kann es bei einem depressiven Menschen sein: Als der nahestehende Mensch starb, gab es tatsächlich keine Hoffnung auf seine Wiederkehr. Diese Erkenntnis wurde als Lernerfahrung im Gehirn gespeichert. Für neue Verlusterlebnisse steht diese Lernerfahrung bereits als Bewältigungsmuster zur Verfügung und produziert den Gedanken: »Es ist unwiederbringlich vorbei – du kannst nichts machen.« Wenn die Person dieser Behauptung Glauben schenkt, schafft sie sich dadurch eine sich selbst erfüllende Prophezeiung: Weil sie davon ausgeht, dass nichts zu machen ist, verhält sie sich auch entsprechend und erlebt darum auch die Bestätigung ihrer Vorhersage.

Daraus entwickelt sie ein depressives Denkmuster: »Ich bin dazu vorher-bestimmt, zu verlieren – wenn mir etwas weggenommen wird, ist der Verlust unwiederbringlich.«

Besonders brisant wird dieser selbstschädigende Prozess, wenn die frühere Trauer nicht verarbeitet wurde, weil sie zum Beispiel nicht zu-gelassen wurde. Dann kann sie anscheinend irgendwann im späteren Leben unkontrolliert und ohne Bewusstsein des Zusammenhangs in Form einer Depression wieder aufbrechen, ausgelöst durch relativ harmlose neue Verluste.

Für viele Depressionen scheint es tatsächlich zuzutreffen, dass sie vor allem blockierte Trauerprozesse sind. »Nach Schätzungen entstehen [...] 60 Prozent aller Depressionen aus unverarbeiteter Trauer, also aus einem nicht bewältigten Verlusterlebnis«, weiß Manfred Wolfersdorf, ein füh-render Spezialist für Depressionen.[16] Daniel Hell, eine weitere Kapazität auf diesem Gebiet, hält Depression und Trauer für »zwei unterschiedli-che Weisen, wie der Mensch mit der gleichen zugrunde liegenden Prob-lematik umgehen kann.«[17] Die eine Weise hebe die andere auf: »Wo echte Trauer vorliegt, ist depressives Erleben fern. Wo eine schwere Depression einen Menschen blockiert, ist aktives Trauern vorerst unmöglich. Wie eine Balance bestimmt die Stärke des einen Affektmusters die Schwäche des andern.«[18] Depressive Menschen würden am Verlorenen weiter fest-halten und die bewusste Trauer verhindern. »Erst wenn eine bewusste Anerkennung des Verlustes möglich wird, weicht die depressive Verstim-mung einem schmerzhaften Trauerprozess.«[19]

Fest steht: Bei der Depression steht wie bei der Trauer die Verlustbewer-tung im Mittelpunkt. Aber der Depression fehlt im Gegensatz zur Trauer das Prozesshafte. Menschen in tiefer Depression können zum Beispiel oft nicht mehr weinen, sie fühlen sich nicht traurig, sondern nur noch leer, wie abgestorben, so, als hätten sie gar kein Gefühl. Trauer ist im Fluss, Depression ist wie ein ausgetrockneter Fluss. Die Tümpel mit dem verblei-benden Wasser scheinen mehr und mehr das Leben zu verlieren. Das A und O der Depressionsbewältigung besteht deshalb auch darin, dass der betroffene Mensch wieder in *Bewegung* kommt. Darum kann der Beginn des bewussten Trauerns das Ende der Depression sein.

Sinn finden in der Trauer

»Wenn man erst, wie Sie, teuerste Mutter, Freude und Schmerz mit dem verlorenen Freund und Gatten so lange, so viele Jahre geteilt hat, so ist die Trennung um so schmerzlicher«, schrieb Friedrich Schiller zum Tod des Vaters an seine Mutter.[20] So ist es: Je größer die Liebe ist, desto stärker ist der Schmerz des Abschieds und die Sehnsucht nach Wiedervereinigung. Je enger die Beziehung war, desto größer ist die Wunde der Trauer. Trauer ist »Wissen um ein verlorenes Kostbares«, schreibt die Psychotherapeutin Elisabeth Lukas.[21] Die freundliche Schwester des Trauerschmerzes heißt darum »Dankbarkeit«. Durch den Verlust wird deutlicher denn je, was uns ein Mensch bedeutete.

Um leben zu lernen, müssen wir sterben lernen. Wer das Leben gewinnen will, muss loslassen können, was er nicht festhalten kann. Aus erfolgreicher Trauerarbeit geht die Persönlichkeit gefestigt und gereift hervor. Aus der großen Mühe erwächst neue Lebenskraft. Gesunde Trauer ist nicht nur ein Heilungsprozess, der eine Narbe hinterlässt, sondern auch ein Wachstumsprozess, durch den wir als Persönlichkeiten reifen. Gesunde Trauer ist ein Geburtsvorgang: Neues wird. Darum berichten Personen, die auf dem Trauerweg bis zur Phase des Loslassens und der Akzeptanz durchgedrungen sind, dass sie nicht mit anderen tauschen wollten. Sie sind verändert, bereichert und mit mehr Lebensenergie als je zuvor aus dem dunklen Tal der Trauer hervorgegangen; sie haben mehr zu sich selbst gefunden. Ihre Werte haben sich gewandelt. Menschen werden durch den Trauerprozess kreativer, toleranter, unabhängiger, standhafter, geduldiger, stiller, demütiger, bedächtiger, feinfühliger und aufmerksamer für andere Menschen, Natur und Kultur. Sie werden genussfähiger, lebensfreudiger, einfühlsamer, dankbarer und engagierter für gute Beziehungen und besorgter um andere Menschen, die selbst leiden. Außerdem sind sie mehr auf Wesentliches konzentriert, weise, berufungsgewiss, offener für den Glauben und dankbarer für die Liebe Gottes. Trauerarbeit ist *Sinn*arbeit. Bewältigte Trauer ist Persönlichkeitswachstum. Das Leben bekommt mehr Tiefgang und dadurch größere Ausgeglichenheit und höhere Stabilität. In der Bibel heißt es darum:

»Geh lieber in ein Haus, in dem getrauert wird, als in ein Haus, in dem ein fröhliches Fest gefeiert wird. Denn dort wird dir bewusst, dass jeder Mensch einmal sterben muss – daran sollte sich jeder Mensch während seines Lebens erinnern. Kummer ist besser als Lachen, denn Traurigkeit reinigt den Menschen. Der Weise ist mit seinen Gedanken und seinem Herzen bei denen, die trauern …«[22]

Die Stadien der Trauer

Der Trauerprozess kann vielgestaltig verlaufen. Grundsätzlich vollzieht er sich in mehreren Phasen, die aber nicht klar voneinander abgrenzbar sind, sondern sich überschneiden. Wie viele Phasen es gibt und wie sie sich unterscheiden, ist darum auch unter den Fachleuten ziemlich unklar geblieben. In der Literatur findet man alle Variationen zwischen zwei und zwölf Phasen. Am häufigsten werden Vier-Phasen-Modelle vertreten. Die Phaseneinteilung ist jedoch umstritten. Einerseits verführt sie dazu, Trauernde in ein Schema zu pressen, das ihnen nicht gerecht wird, denn im tatsächlichen Leben ist vieles anders als in der Theorie. Andererseits hilft sie aber auch, den Weg eines Trauernden zu verstehen und ihn vor Überforderung zu bewahren.

Jeder trauert anders

Der Trauerverlauf ist trotz aller Regelmäßigkeiten individuell und kann darum von solchen Normierungen deutlich abweichen. Zum Beispiel kann nach dem Tod eines tyrannischen Menschen große Erleichterung dominieren. Auch wenn, nach langer, quälender Leidenszeit des Sterbenden, der Tod als eine Erlösung ersehnt wurde, kann Erleichterung vorherrschen. Insbesondere im Fall der »vorgreifenden Trauer«, wenn Menschen sich bereits vor dem Tod ihres Angehörigen von diesem verabschiedet und emotional gelöst haben. In solchen Fällen hat natürlich das, was üblicherweise als die Eingangsphase des »Schocks« bezeichnet wird, andere Qualität. Der Trauerforscher James William Worden fasst zusammen:

> »Für manche Menschen ist Trauer eine sehr intensive Erfahrung, für andere hingegen eine recht milde. Bei manchen beginnt die Trauer, sobald sie von dem schmerzlichen Verlust erfahren, bei anderen kommt sie erst später, d. h. sie stellt sich als verzögerte Erfahrung ein. In manchen Fällen klingt das Trauern nach relativ kurzer

Zeit ab, in anderen Fällen scheint die Trauer nie mehr weichen zu wollen.«[23]

Hinzu kommen die Geschlechtsunterschiede beim Trauern. Die Männer unseres Kulturkreises neigen dazu, den Verlust stärker vernunftgesteuert zu verarbeiten und ihre Gefühle dabei zu unterdrücken. Das wirkt sich mitunter in psychosomatischen Beschwerden aus: Der Körper muss austragen, was sich die Seele nicht erlaubt; die Trauer setzt sich auf Umwegen durch. Allerdings hat sich insgesamt das Selbstverständnis des Mannes in jüngerer Zeit gewandelt, bis hin zur feministischen Umkehrung der Verhältnisse, wonach ein »richtiger« Mann zu weinen hat, nicht aber eine »richtige« Frau.

Aufgrund der vielen Unterschiede beim Trauern wurde vorgeschlagen, nur noch von den Aspekten und Aufgaben des Trauerprozesses zu sprechen, und der Trend unter den Fachleuten scheint augenblicklich dahin zu gehen, die Phasenmodelle gänzlich aufzugeben. Man könne überhaupt nicht vorhersagen, wie der Trauerprozess des einzelnen Menschen verlaufe, heißt es.[24] Das ist zwar richtig, aber Phasenmodelle aus diesem Grund abzulehnen, würde bedeuten, das Kind mit dem Bade auszuschütten. Die Wege der Trauer sind eben nicht nur durch individuelle Unterschiede charakterisiert, sondern auch durch auffallend deutliche Gemeinsamkeiten. Die Verfechter der Behauptung, dass es falsch sei, Phasen des Trauerns zu unterscheiden, fassen anscheinend mehr die große Bandbreite der Trauersymptome ins Auge als die dahinterliegende Dynamik. Die Möglichkeiten des Trauerausdrucks sind sehr unterschiedlich und nicht zuletzt stark kulturell geprägt, aber unter der Oberfläche der gezeigten Trauer sind doch überall dieselben Phasen zu erkennen. Am überzeugendsten hat das wohl bis heute die Sozialwissenschaftlerin Erika Schuchardt aufgezeigt.[25]

Das Stadium des »Protests« oder der »Sehnsucht«, wie man auch lesen kann, beinhaltet beim Erwachsenen wie schon beim kleinen Kind beides: Aggression und aktives Bemühen, um das Verlorene wiederzubekommen oder um durch Erklärungen und dergleichen den Schmerz zu kompensieren (beim Kind zum Beispiel: »Mama wird bald wiederkommen«). Unausweichlich folgen »Desorganisation und Verzweiflung«:[26] Alles Geschrei nach der Mama und alles Herumrennen und Suchen waren umsonst. Sie ist und bleibt verloren. Jetzt wird der Schmerz der Einsamkeit erst richtig groß. Die Hoffnung auf Entlastung schwindet. Die natürliche Reaktion an dieser Stelle ist depressiv. Danach erst kann die ehrliche Akzeptanz des veränderten Zustands folgen.

Das Spiralenmodell

Erika Schuchardt erstellte eine Bibliografie von 2 000 Büchern des 20. Jahrhunderts mit 6 000 Lebensgeschichten von Menschen, die schwere Leidenswege gehen mussten. Sie behauptet, dass der »Lernprozess Krisenverarbeitung« bei solchen Erfahrungen immer in *acht Phasen* abläuft, die spiralförmig aufeinander folgen.

Tabelle 02 gibt einen noch detaillierteren Überblick über die Phasenein-teilung nach Schuchardt.

Stadium	Phase	Leitfrage	Beschreibung
Eingangs-stadium kognitiv-reaktiv fremdgesteuert	**Ungewissheit**	»Was ist ei-gentlich los?«	Zunächst Schock. Es *darf* nicht sein, darum *kann* es nicht sein! Die Realität des Verlusts kann noch nicht erfasst werden.
	Gewissheit	»Ja – aber das kann doch nicht sein …!«	Die Wahrheit wird jetzt rational aufgenommen, aber die »Hoffnung wider alle Hoffnung« bleibt.
Zwischensta-dium emotional ungesteuert	**Aggression**	»Warum gerade ich?«	Vitale Gefühlsausbrüche; vulkan-artiger Protest. Oft sucht sich die Aggression Ersatzobjekte. Ein-druck des Betroffenen, alles habe sich gegen ihn verschworen und er sei ganz im Stich gelassen.
	Verhandlung	»Wenn …, dann muss aber …!«	»Die in der Aggression freigesetz-ten Kräfte drängen zur Tat«: Inten-siver Versuch, Wege zu finden, um das Wunder zu erzwingen. »Diese ungesteuerte emotionale Spirale ist als ein letztes Sichaufbäumen zu verstehen.«
	Depression	»Wozu …?, alles ist sinn-los …«	»Die nach außen gerichteten Emo-tionen sind verausgabt und haben einem nach innen gerichteten Vergraben der Hoffnung Platz gemacht, das zum Verstummen führt.« Die irrealen Hoffnungen werden losgelassen. Der Verlust wird nicht mehr geleugnet. Die Traurigkeit wird übermäßig groß. Das dient »der Vorbereitung auf die Annahme des Schicksals«. Nun wird »Einkehr und Begegnung mit sich selbst« möglich.

Zielstadium reflexiv-aktional selbstgesteuert	Annahme	»Ich erkenne erst jetzt....«	Erwachen aus Kampf und Depression, wieder zu sich (selbst) kommen. Neues Ja zum Leben *mit* dieser Einschränkung. Annahme ist aber nicht identisch mit Zustimmung.
	Aktivität	»Ich tue das...!«	Die bisher für den Kampf gegen das Schicksal eingesetzte Kraft wird frei für neue, lebensbejahende Aktivität. Umstrukturierung der Werte und Normen. Neue Eigenständigkeit.
	Solidarität	»Wir handeln...!«	Aufgrund von sozialer Integration Übernahme von Verantwortlichkeit. »Übernahme einer neuen Aufgabe, die es individuell sowie solidarisch zu gestalten gilt.«

Wenn auch die Untergliederung in acht Phasen nicht durch den Konsens der Trauerforschung abgedeckt ist, stehen Schuchardts Erkenntnisse dennoch nicht im Widerspruch zu den vorherrschenden Phasenmodellen der Trauer. Der Unterschied besteht nur einfach darin, dass andere die Etappen des Trauerwegs anders aufteilen und ihnen teilweise andere Namen geben. Aber der Weg ist doch gut als derselbe erkennbar.

Wesentlich an Schuchardts Modell sind zwei Aspekte:

• Sie beschreibt die Phasen nicht als aufeinanderfolgende Stufen, sondern als Spiralen.
• Es gibt drei Stadien, denen die einzelnen Phasen zuzuordnen sind: das Eingangsstadium, das Zwischenstadium und das Zielstadium.

Dadurch, dass sie das Bild der Spirale für den Ablauf der Trauer gebraucht, betont sie die Flexibilität des Trauerablaufs. Die Phasen gehen ineinander über, immer wieder tauchen dieselben Symptome auf, verheilte Wunden brechen wieder auf, besonders in Situationen und an Tagen, die voller Erinnerung an den Verstorbenen sind. Aber insgesamt entwickeln sie sich bei gesundem Trauerverlauf doch, einer Wendeltreppe vergleichbar, in die beschriebene Richtung. Für einen Menschen, der sich mitten im Prozess des Trauerns befindet, ist es allerdings zeitweise nicht ersichtlich, ob sich die Spirale aufwärts- oder abwärtsbewegt oder ob er sich nur im Kreis dreht. C. S. Lewis schreibt über seinen eigenen Trauerweg: »Immer wieder taucht man aus einer Phase auf; aber sie kehrt immer wieder. Um und um. Bewege ich mich im Kreis, oder darf ich hoffen, es sei eine Spirale? Und wenn eine Spirale, steigt sie oder fällt sie?«[27]

Der Trauerweg endet so wenig automatisch im Zielstadium, wie eine schwere Verletzung automatisch heilt. Die Spirale kann tatsächlich zum Kreis werden oder sich abwärtsbewegen, je nachdem, wie der Betroffene mit der Wunde umgeht. Der Psychiater Martin Grabe bezeichnet die Phase der Annahme als »ein Wunder«.[28] Erika Schuchardt zufolge haben nur ein Drittel der leidgeprüften Menschen, deren Schicksal sie untersuchte, die letzte Stufe der sozialen Integration erreicht. Bei einigermaßen normalem Trauerverlauf dringen die meisten Menschen zwar anscheinend bis zur Annahme durch. Aber diese kann dem Charakter nach sehr verschieden sein, denn sie kann entweder unter dem Vorzeichen neuer Lebensbejahung oder unter dem Vorzeichen endgültiger Lebensverneinung stehen. Es kann ein dankbares oder ein bitteres Annehmen sein. Entscheidend kommt es darauf an, wie wir mit uns selbst umgehen, wenn wir trauern. Die Trauerbegleiterinnen Bickel und Tausch-Flammer schreiben:

> »Dieses Annehmen kann in Gelassenheit und innerer Zustimmung geschehen oder eine negative Färbung haben. In der negativen Haltung bleibt die Wut, der Trotz, die Auflehnung gegenüber dem als ungerecht erlebten Verlust und verhärtet sich. Diese Gefühle machen uns oft eng oder verbittert gegenüber dem Leben und anderen Menschen, denen es besser zu gehen scheint. […] So bleiben wir in der Rolle des Opfers, dem sein wichtigstes Gut entrissen wurde. Pessimismus, Negativität, Resignation, Ironie und Zynismus sind dann unter Umständen die seelischen Wegbegleiter in die Zukunft.«[29]

Es kann also durchaus geschehen, dass die Auflösung nie stattfindet oder dass die Trauerreaktion eingeschränkt ist, weil sie schon vorweggenommen wurde, oder sogar Erleichterung über den Tod vorherrscht. Darum darf man auch der Anfangsphase nicht pauschal »Schock« und »Kontrolle« zuordnen. Zum Beispiel kann stattdessen heftiger Schmerz überwiegen. Es kommt ja auch sehr darauf an, ob und wie sich die Angehörigen auf den Tod einstellen konnten. Nach schwerer Pflege oder einer konflikthaften Beziehung kann durchaus auch Erleichterung eintreten.

Die Aufteilung in Stadien

Mir scheint es am sinnvollsten zu sein, mit Schuchardt die Spirale der Trauer in drei Hauptstadien einzuteilen und auf die weitere Unterscheidung einzelner Phasen darüber hinaus zu verzichten. Die Diskussion über die genaue Zahl der Phasen finde ich so müßig wie einen Streit darüber, in wie viele Stücke man einen Kuchen zerschneiden »muss«. Aber eine zugrunde liegende Aufteilung in mehrere Stadien ist bei fast allen Phasenmodellen erkennbar.

Bowlby hat zunächst grundsätzlich nur die drei Phasen des Protests, der »Desorganisation« und der »Reorganisation« unterschieden und eine »ziemlich kurze erste Phase«[30] der Betäubung erst später hinzugenommen. Allerdings ist Bowlby zufolge auch bereits diese Phase mit starkem Schmerz und großer Wut durchmischt.

Was Bowlby als »Betäubung« bezeichnet, erscheint bei anderen Autoren als die Phase des »Schocks«, zu deren Merkmalen ein manchmal tranceartiges, sehr kontrolliertes Verhalten gehört. Schuchardts Ansicht nach ist das die »kognitiv-reaktive« (reaktiv-fremdgesteuerte) Eingangsphase der »Ungewissheit«: Man hat noch gar nicht wirklich realisiert, was passiert ist, es geht noch nicht »in den Kopf hinein«. Und gerade darum ist der Umgang mit dem Verlust zunächst oft eigentümlich distanziert und vernunftgesteuert. Man reagiert vorerst nur passiv auf das Unfassbare, man geht noch nicht selbst damit um, kann es noch nicht wirklich an sich heranlassen. Aber schon bald folgt die »Gewissheit«: Die schreckliche Wirklichkeit des Verlusts drängt sich gnadenlos auf. Der Betroffene nimmt die grausame Wahrheit zur Kenntnis, reagiert aber mit Abwehr: »Ja – aber das kann doch gar nicht sein!« Von dort ist es jedoch nur ein sehr kleiner Schritt zum ohnmächtigen, bitter klagenden Protest, und ich bezweifle, dass viele Menschen an dieser Stelle überhaupt eine Differenz wahrnehmen. Darum und weil die Eingangsphase sehr unterschiedlich verlaufen kann, halte ich es für besser, auf diese Abstufung zu verzichten.

Die erste Phase des »Schocks«, der »Betäubung« oder der »Ungewissheit«, wie man das auch nennen mag, kann sein, muss aber nicht sein. Richtig in Gang kommt der Trauerprozess erst mit der Phase des »Protests«. Hier erst setzt sich der Betroffene wirklich mit dem Verlust auseinander. Hier erst erlebt er aber auch die Krise der Trauer in ihrer realen Gewalt: Es wird ihm zu viel, er schafft es nicht mehr, seine Gefühle zu kontrollieren. Zu Recht bezeichnet Schuchardt darum diesen Abschnitt als den »emotional-ungesteuerten«.

Der Grundimpuls der Trauer liegt in dem Bedürfnis, das Verlorene wiederzubekommen. Darum enthält der Trauerprozess ja auch nicht nur das Hauptgefühl der Traurigkeit, sondern außerdem viele andere Gefühle und Verhaltensweisen. Sie drehen sich alle um dieses eine Ziel. Wenn ein kleines Kind seine Mutter nicht mehr sieht, schreit es über kurz oder lang. Dann wird es nach Wegen suchen, sie wiederzubekommen. Wenn das nicht gelingt, gibt es wahrscheinlich irgendwann auf und reagiert apathisch. Aber allmählich kann es ein Vertrauensverhältnis zu einer neuen Bezugsperson aufbauen.

Die Trauerreaktion Erwachsener verläuft nach demselben Schema: Erst wehrt sich alles in uns gegen den Verlust und wir verhalten uns auch dementsprechend. Dann wird uns mehr und mehr bewusst, dass wir das Verlorene nicht wiedererhalten. Erst lehnen wir uns dagegen auf; wir wissen es zwar einerseits, andererseits wollen wir es aber noch nicht wahrhaben. Darum suchen auch wir nach Wegen, den Verlust rückgängig zu machen, ihn umzudeuten oder uns davon zu überzeugen, dass er gar nicht stattgefunden hat. Erst allmählich stellen wir uns darauf ein, dass wir nichts am Verlust ändern können. Zunächst fügen wir uns der Unausweichlichkeit des Schicksals, ohne die neue Wirklichkeit zu bejahen. Überwunden ist die Krise aber erst, wenn wir den Verlust akzeptieren, indem wir das Verlorene ganz loslassen und ein neues Ja zum Leben finden.

Dieser Reaktionsablauf ist bei allen Menschen grundsätzlich gleich, weil das Grundmuster dafür, wie wir als Menschen auf existenzielle Verluste reagieren, sich schon im kindlichen Gehirn ausgebildet und gefestigt hat und damit aller weiteren Verlustverarbeitung die Richtung weist. Individuell und kulturell sehr verschieden sind aber die Wege, wie der Prozess durchlaufen wird.

Dieses Grundmuster wird mit Bowlbys Aufteilung in »Protest«, »Desorganisation« und »Reorganisation« zum Ausdruck gebracht.

Und wie lang dauert das alles? Von zeitlichen Festlegungen nimmt man heute in der Trauerforschung Abstand, denn es hat sich gezeigt, dass es keine klare Antwort darauf gibt. Wie jede Wunde braucht auch jede Trauer *ihre* Zeit, und das ist oft mehr Zeit, als wir ihr zugestehen wollen. Aber es gibt keine Abkürzungen.

Man muss und darf mit mehreren Jahren rechnen und es scheint fraglich, ob man überhaupt von einem Ende des Prozesses sprechen soll. Die Trauer höre nicht wirklich auf, meint Daniela Tausch-Flammer, sondern »sie wird langsam ein Teil unseres Lebens, sie verändert sich, und wir ändern uns mit ihr«.[31] Der Trauerprozess wirkt über die Jahre hinweg fort. Das Bewusstsein dafür, was die verlorene Person für das eigene Leben bedeutete, vertieft sich im Lauf der Zeit.

Ganz grob kann man sagen, dass die anfängliche »Schockphase« unter Umständen nur wenige Stunden dauert und die darauf folgende »kontrollierte Phase« normalerweise mit der Bestattung endet. Spiegel rechnet damit, dass bis zum Beginn der Annahmephase mindestens drei Monate vergehen und sie frühestens nach einem halben Jahr abgeschlossen ist. Offenbar tritt vielfach nach einem Jahr eine spürbare Veränderung hin zur Annahme ein. Spiegel rät aber zu großer Vorsicht mit solchen zeitlichen Einteilungen.

Stadien	Bekannte Phasenmodelle			
	Schuchardt	Bowlby	Spiegel	Kübler-Ross
Eingangsphase: Schock und Nicht-wahrhaben-Wollen	Ungewissheit Gewissheit	Betäubung	Schock Kontrolle	Leugnen
1. Stadium: Sehnsucht	Aggression Verhandeln	Protest, Sehnsucht und Suche	Regression	Aggression Verhandeln
2. Stadium: Rückzug	Depression	Desorganisation und Verzweiflung	Regression	Depression
3. Stadium: Akzeptanz	Annahme Aktivität Solidarität	Reorganisation	Adaption	Annahme

Eingangsphase: Schock und Nicht-wahrhaben-Wollen

»Mechanisch gehe ich hinter dem Sarg her, zu betäubt, um irgendwelche Gefühle zu haben. Bin ich es selbst, die ihren Mann begräbt – oder ist es nur meine Hülle? Alles Leben in mir ist erstorben. Es kann gar nicht wahr sein, dass der Lebenssprühende und Heitere tot sein soll! Unmöglich! Langsam wird der Sarg ins Grab gesenkt. Mit tränenlosen Augen starre ich ihm nach. Da wird mir bewusst: Hier wird ein Teil von mir selbst begraben – der vertrauteste Mensch, den es für mich gibt.«[32]

Besonders dann, wenn der Tod unerwartet eingetreten ist, die Angehörigen nicht dabei sein konnten oder die Tatsache des Sterbens geleugnet wurde und sie vor der Tatsache des Sterbens die Augen verschlossen haben, ist es normal, wenn der Hinterbliebene die Realität des Todes zunächst nicht begreift. Er ist geschockt. Renate Schmidts Mann starb ganz plötzlich auf offener Straße. Als sie davon benachrichtigt wurde, konnte sie es nicht glauben. »Ich habe immer wiederholt: ›Das kann gar nicht sein, das kann gar nicht sein.‹ […] Mein Kopf hatte das verstanden, aber in meinem Inneren konnte ich es nicht begreifen, was da passiert sein sollte.«[33] Ähnlich wie beim Schock nach körperlichen Verletzungen wird der Schmerz noch gar nicht wahrgenommen; der Betroffene fühlt sich betäubt und handelt wie in Trance. Er erlebt Phänomene der Depersonalisation und Derealisation: Sich selbst und die Umwelt nimmt er wie ein außenstehender Beobachter als etwas Unwirkliches wahr. Es fehlen ihm nicht nur die passenden Worte für das Ereignis, sondern auch die passenden Gefühle. Er ist überfordert. Die Abwesenheit des passenden Gefühls wird als Gefühllosigkeit oder ein »Gefühl der Leere« erlebt und sie ist mitunter von sehr starker zielloser Unruhe begleitet. Eine Krankenhausseelsorgerin erzählt die Reaktion einer Mutter auf die Nachricht vom Tod ihrer Tochter:

»»Sie ist tot. Meine Marilee. Tot. Gerade eben. Ich schaute sie an und sie starb.‹ Sie ging ununterbrochen. Es waren nur ein paar Schritte bis zum Wartezimmer, aber sie ging auf dem Flur immer im Kreis. Es schien ihr unmöglich zu sein, stehen zu bleiben und einfach zu weinen. Und sie lief im Zickzack durch die Halle zur Tür. ›Sie ist tot. Tot.‹ […] Sie schien in Trance zu sein.«[34]

»Das darf nicht wahr sein!« Das Nicht-wahrhaben-Wollen ist Folge des Schocks und Bedingung des tranceartig kontrollierten roboterhaften Funktionierens, das aber auch von der Umgebung für die Anfangsphase gefordert und gefördert wird. Die Phasen des Schocks und der Kontrolle stehen noch unter dem Vorzeichen der Unwirklichkeit. Das ist gemeint, wenn die Eingangsphase des Trauerns auch als »Leugnen« bezeichnet wird. Alles scheint nur ein böser Traum zu sein. Dagmar Berghoff wartete noch zwei Jahre nach dem Tod ihres Mannes jeden Abend mit einem Glas Wein am Fenster sitzend auf seine Rückkehr. »Ich wollte und konnte den Tod meines Mannes nicht wahrhaben.«[35]

Das anfängliche Nicht-wahrhaben-Wollen ist eine Schutzfunktion der Psyche. Wenn die Verarbeitungskapazität des Gehirns überfordert wird, selektiert es die Sinneseindrücke automatisch. Nicht wir blenden bewusst Wahrnehmungen aus, sondern unser Gehirn ist so eingerichtet, dass es uns auf diese Weise vor Überbeanspruchung schützt. Die »Leugnung« des Verlusts in der Eingangsphase ist darum nicht nur verständlich, sondern sie kann sogar notwendig sein.

1. Stadium: Sehnsucht

Bereits die Eingangsphase besteht nicht nur aus Schock und Leugnung. Von Beginn an gehören starke und wechselhafte emotionale Ausbrüche zum Bild der Trauer: Schmerz, Panik, Wut, manchmal aber auch ein euphorisches Gefühl des Einsseins mit dem Verstorbenen.

Das Stadium der Sehnsucht ist durch die Vorherrschaft massiv hervorbrechender starker Gefühle geprägt, die der Betroffene manchmal nicht mehr steuern kann. »Ich kam mir vor wie eine Schiffbrüchige, deren rettendes Floß auf hoher See auseinandergebrochen war und die sich nur noch an einem letzten Balken festhielt«, berichtete eine Witwe.[36] Die dominierenden Gefühle dieses Stadiums sind Wut, Angst, Schuld, Depressivität, Hoffnung und Enttäuschung. Es ist wichtig, dass diese starken Gefühle zugelassen werden, denn mit ihnen beginnt der Heilungsprozess der Trauer.

Bowlby zufolge stehen alle diese Emotionen, wie schon die Reaktion der Eingangsphase, im Dienst des Nichtakzeptierens der Tatsache des Verlusts. So wie das kleine Kind wütend nach der Mutter schreit und sie überall zu suchen beginnt, liege der Zweck dieser Gefühle darin, »die verlorene Person zu finden und zurückzugewinnen«.[37] Darum finde ich es sinnvoll, dieses Stadium unter das Stichwort »Sehnsucht« zu stellen. Unterlegt seien diese Gefühle aber gleichzeitig von der quälenden Erkenntnis, dass alles Aufbegehren und Hoffen unerfüllt bleiben wird, meint Bowlby. Wahrscheinlich deshalb gehören auch Intervalle tiefer Traurigkeit und Niedergeschlagenheit zum Gefühlschaos dieses Stadiums.

Aufbegehren, Anklage und Selbstvorwürfe

Insbesondere aggressive Gefühle sind ein wichtiges und offenbar notwendiges Zeichen dafür, dass der Trauernde begonnen hat, sich mit der Tatsache des Verlusts ernsthaft auseinandersetzen.

Sehr oft richtet sich der Zorn in diesem Stadium auf Helferpersonen wie Ärzte, Krankenschwestern, Bestatter, Verwandte, Freunde und Pfarrer, in denen der Trauernde die Vertreter des ungerechten Gottes sieht, aber er kann auch ganz Unbeteiligte treffen. Die Gegenstände und Gründe der Aggression können verschiedenartig sein: Der Trauernde

- wehrt sich gegen Trostworte, weil er (noch) nicht mit der Unwiederbringlichkeit des Verlusts konfrontiert werden will,
- wirft anderen vor, schuld am Tod seines Angehörigen zu sein,
- ist wütend auf den Verstorbenen, weil dieser ihn verlassen hat,
- ist wütend auf Gott, weil er sich von ihm ungerecht behandelt fühlt,
- ist wütend darauf, dass er so sehr zu leiden hat, während es anderen gut geht.

Schuldgefühle sind auch sehr häufig. Sie entstehen nicht nur durch den Rückblick auf Versäumtes, sondern auch als Reaktion auf Gefühle, die sich der Betroffene verbietet, weil sie seinem Ideal eines trauernden Menschen nicht entsprechen. Das sind oft aggressive Gefühle dem Toten gegenüber, aber es kann auch die wahrgenommene Erleichterung sein. Renate Schmidt erzählt: »Es gab Phasen, in denen ich mein neues Leben ohne Partner eigentlich gar nicht so schlecht fand. Ich habe mich dann selbst zur Ordnung gerufen: ›Das darf doch nicht sein.‹ Und trotzdem machte sich zunehmend ein Gefühl von Freiheit breit.«[38] Spiegel nennt vier Kategorien von Schuldgefühlen bei Trauernden. Der Trauernde fühlt sich schuldig,

- weil er nach dem Tod des Angehörigen Erleichterung verspürt,
- weil er sich dem Angehörigen gegenüber vor dessen Tod unangemessen verhalten hat, wenn es zum Beispiel vor dem Tod noch Streit mit dem Verstorbenen gegeben hat,

- weil er dem Angehörigen den Tod gewünscht hatte, etwa bei langen und schweren Pflegezeiten,
- weil er selbst überlebt hat.

Umdeuten, Suchen und Festhalten

Dieser Abschnitt des Trauerns wird in der Literatur mitunter etwas unglücklich als »Verhandlungsphase« bezeichnet. Sicher hat dieses Stadium oft Verhandlungscharakter, indem etwa Gelübde abgelegt werden, die höhere Mächte zur Hilfeleistung veranlassen sollen, aber damit ist meiner Meinung nach das Thema dieser Phase nicht wirklich getroffen: Es geht eher um die Erfahrung, ans Ende der eigenen Möglichkeiten gekommen zu sein, und um die Bemühung, nun die Hilfe verstärkt außerhalb seiner selbst zu suchen.

Mehr und mehr setzt sich in dieser Phase die Gewissheit durch, dass der Verlust endgültig ist. Aber die trauernde Person wehrt sich noch gegen die Anerkennung dieser Tatsache und sucht verzweifelt nach Gründen, das nicht glauben zu müssen. Aggressionen spielen darum nun auch weiterhin eine wesentliche Rolle. Ähnlich wie in der Eingangsphase hat die Abwehr der Realität des Verlusts den Zweck, Überforderung zu vermeiden. Die Neuorientierung ist noch nicht möglich, weil sich noch kein überzeugendes neues Modell des Lebens im Gehirn etabliert hat. Darum hängt die Person noch am Vergangenen fest. Sie sucht nach der Stabilisierung des Alten, weil sie das Neue noch nicht fassen kann. In dieser Übergangsphase ersetzen Trauernde ihr noch fehlendes neues Lebenskonzept auf folgende Weise:

- Sie suchen aktivistisch nach dem Verstorbenen und nach Erklärungen für seinen Tod.
- Sie pflegen die Verbindung zu dem Verstorbenen durch das Festhalten an Gegenständen und Zuständen aus der Zeit vor dessen Tod.
- Sie pflegen intensiv die Erinnerung an ihn und stärken sich dabei dadurch, dass sie sein Bild verklären.
- Sie fantasieren über die leibliche Gegenwart des Verstorbenen bis hin zu Auditionen und Halluzinationen und sie träumen intensiv von ihm.

Suchender Aktivismus. Trauernde entfalten in dieser Phase mitunter eine geradezu manisch wirkende Hyperaktivität. Manche suchen intensiv nach Erklärungen für den Tod ihres Angehörigen, indem sie sich zum Beispiel übermäßig in die Einzelheiten der Todesursache vertiefen. Die Frage nach dem Schuldigen wird nun einerseits differenzierter gestellt, andererseits neigen Menschen in dieser Phase dazu, stark vereinfachende Schwarz-Weiß-Muster zu verwenden, die möglichst keine Fragen offenlassen. Sie erhoffen sich Linderung davon, verstehen zu können, wie es zu dem Verlust kam und welcher Sinn darin zu finden ist. Das kann auch vorübergehendes gesteigertes religiöses Interesse beinhalten. Aber sie suchen nicht nur nach Erklärungen, sondern auch, wider besseres Wissen, nach dem Verstorbenen selbst.

Verbindungsstücke und Mumifizierung. Hinterbliebene versuchen, die Verbindung zu den Verstorbenen aufrechtzuerhalten, indem sie Gegenstände und Orte der Erinnerung mit besonderer Sorgfalt in Ehren halten. »Es wäre mir wie ein Sakrileg erschienen, seine Anzüge aus dem Schrank zu nehmen oder woanders hinzuziehen«, berichtet eine Witwe.[39] »Der zuständige Arzt [...] brachte mir Olafs Brille und Uhr. Ich habe sie wie Reliquien angesehen und die Uhr lange Zeit getragen«, bekennt eine andere.[40] Oft werden die Räume, in denen der Verstorbene sich aufzuhalten pflegte, lange Zeit nicht angetastet. Man spricht dann von »Mumifizierung«: »Das Haus wird so gehalten, wie es der Verstorbene verlassen hatte, und jedes Stück bleibt an seinem Platz, als sei es ein Schrein, der jeden Augenblick wiederbelebt werden könnte.«[41]

Vergegenwärtigung und Verklärung. Es ist in dieser Zeit normal, dass die Seele des Trauernden, wie Bickel und Tausch-Flammer erklären, versucht,

> »die schmerzliche Wirklichkeit zu verändern, umzudeuten und erträglicher zu machen. Sie vertagt einen Moment lang die grausame Wirklichkeit, legt sich einen wärmenden Schutzmantel um, um das Leben für eine Weile erträglicher zu machen. [...] Im Inneren heißt

es: Ich kann dich noch nicht loslassen und möchte dich einfach noch bei mir behalten. Ich kann und will die Endgültigkeit unserer Trennung noch nicht annehmen.«[42]

Trauernde vermeiden es um ihrer Labilität willen jetzt noch, sich mit kritischen Gedanken an den Verstorbenen zu belasten. Stattdessen stärken sie ihr Selbstwertgefühl, indem sie sich mit seinen Vorzügen identifizieren. Durch die Verklärung wird er zudem gleichsam hochgehalten, damit man nicht den Respekt vor ihm verliert und er nicht aus dem Blick und in Vergessenheit gerät. Nichts soll die Verbindung zu ihm stören. Viele Trauernde unterhalten sich nicht zuletzt auch durch fantasierte Gespräche mit dem Verstorbenen; ein häufig dafür aufgesuchter Ort ist sein Grab.

Fantasien, Träume und Sinnestäuschungen. Die Wahrnehmung des Trauernden ist noch so stark auf den Toten ausgerichtet, dass dieser in der Fantasie sehr lebhaft gegenwärtig ist und auch vielfach in Träumen erscheint. Vielen kommt es so vor, als sei er ständig gegenwärtig. Immer wieder ertappt sich der Trauernde dabei, dass er etwas für die verstorbene Person tun will. Er erwartet, dass sie gleich zur Tür hereinkommt, oder deutet Geräusche und optische Eindrücke als Zeichen ihrer Anwesenheit. Regelrechte Sinnesstörungen treten auf, auch Auditionen und Halluzinationen kommen vor. Nicht selten sind Trauernde davon überzeugt, dass es sich um echte Erscheinungen des Verstorbenen handelt.

2. Stadium: Rückzug

So wie der Körper zur Heilung alle Kräfte auf die eine kranke Stelle ausrichtet, konzentriert sich auch die Seele im Prozess des Trauerns einseitig darauf, die Kontrolle wiederherzustellen. In diesem Abschnitt versucht sie es durch Rückzug. »Zwei Jahre hat es fast gedauert«, erzählt die Fernsehmoderatorin Karin Titze-Ludwig über den Tod ihres Mannes, »bis ich aus meinem Schneckenhaus, in das ich mich geflüchtet hatte, herausfand.

Diese Zeit brauchte ich, um die Trauer zu verarbeiten, um mit mir ins Reine zu kommen.«[43]

Yorick Spiegel fasst das Stadium der Sehnsucht mit dem des Rückzugs unter den Gesichtspunkt der »Regression« zusammen. Das Ich werde sich seiner Hilflosigkeit bewusst und gestehe sich ein, »nicht mehr Herr der Lage zu sein«.[44] Wir folgen besser mit Bowlby der Anschauung, dass sich im Stadium der Sehnsucht das Bewusstsein der Hilflosigkeit noch weiter durchsetzt. Solange wir noch aufbegehren und suchen, hoffen wir insgeheim, um die Akzeptanz der Endgültigkeit und Vollständigkeit des Verlusts herumzukommen. Das notwendige Thema dieser nächsten Phase scheint nun aber »das Loslassen irrealer Hoffnungen, ein endgültiges Abschiednehmen von den Utopien«,[45] zu sein. Noch wehrt sich alles im Betroffenen dagegen. In diesem Übergang zur letztendlichen Akzeptanz des Verlusts reagiert der Betroffene darum nun auch verstärkt depressiv: Mehr und mehr erkennt er, dass er den Verlust anerkennen *muss*, aber bejahen will er die neue Situation noch keineswegs. Wenn die Trauer gesund ist, löst sich jedoch der Widerstand schließlich auf und echte Annahme bringt den Prozess zum Abschluss. Darum ist die depressive Erfahrung in der gesunden Trauer auch etwas anderes als die mit vernichtender Selbstabwertung verbundene ziellose Hoffnungslosigkeit der klinischen Depression. Bowlby schreibt:

> »Es ist charakteristisch für den psychisch gesunden Menschen, dass er diese Phase von Depression und Desorganisation geduldig ertragen und nach nicht allzu langer Zeit daraus mit der beginnenden Reorganisation von Verhalten, Denken und Fühlen zu Interaktionen einer neuen Art auftauchen kann. Auch hier bleibt das Gefühl seiner Kompetenz und seines persönlichen Wertes intakt.«[46]

Die Trauer wird jetzt richtig schwer und tief. Alle Lichter scheinen auszugehen. Die Lebensfreude erstirbt. Shakespeare lässt Hamlet angesichts des Todes seines Vaters klagen:

»Wie ekel, schal und flach und unersprießlich
Scheint mir das ganze Treiben dieser Welt!
Pfui! pfui darüber! 's ist ein wüster Garten,
Der auf in Samen schießt; verworfnes Unkraut«.[47]

Hannelore Risch sagt aus eigener Erfahrung über diese Zeit:

> »Schon nach drei Monaten wird wohl erwartet, dass ich das Schlimmste überstanden hätte; in Wirklichkeit aber beginnt gerade jetzt die dunkelste Zeit, weil die Trauerlast sich unabwendbar auf mich herabsenkt und zu Boden drückt. Die Endgültigkeit des Todes und die völlige Verlassenheit werden zur Realität für mich.«[48]

Mehr und mehr macht sich nun auch das Gefühl tiefer Traurigkeit breit. Dem Stress- und Emotionsforscher Richard Lazarus zufolge drückt die Emotion »Traurigkeit« aus, dass etwas als unwiederbringlicher Verlust gewertet werde. Außerdem unterscheide sich dieses Gefühl von anderen durch das Fehlen von Bewältigungsversuchen. Depressivität sei hingegen eine Mischung verschiedener Emotionen. Sie setze sich aus Angst, Ärger, Schuld und Scham zusammen. Das seien die Emotionen des Aufbegehrens gegen das Schicksal in einem Menschen, der den Anspruch auf eine Änderung noch nicht aufgegeben habe. Nach diesem Modell muss die Depression durch die Traurigkeit abgelöst werden, um das dritte Stadium zu erreichen. Man wird also sagen dürfen: Wenn starke Traurigkeit das depressive Gemisch ablöst, hat sich der Trauerprozess geklärt und die Heilung schreitet voran.

Es hilft dem Trauernden in diesem Stadium, die Kontakte zu den Mitmenschen gut zu dosieren. Er braucht jetzt Zeiten der Einsamkeit, um sich zurechtzufinden, möglichst in den eigenen, vertrauten Räumen. Zu viel Gemeinschaft überfordert ihn. Gut gemeinte, aber schlecht gelungene Worte und Aktionen seiner Mitmenschen verletzen ihn zu sehr. Darum erlebt ihn seine Umwelt zwiespältig: Er scheint misstrauischer zu sein und geht auf Distanz, andererseits leidet er aber auch unter der Einsamkeit.

Der Trauerprozess erreicht jetzt seinen gefährlichsten, aber auch verheißungsvollsten Abschnitt. Der Trauernde stellt selbst die Weiche, ob er im Selbstmitleid depressiver Nichtakzeptanz des Verlusts hängen bleiben oder zu neuer Lebensbejahung durchdringen wird. Es kann sein, dass er die Auseinandersetzung zwischen dem »Ja« und dem »Nein« in sich selbst als existenziellen Kampf erlebt. Das meinte wohl der Apostel Paulus mit der Aufforderung, nicht zu trauern »wie jene Menschen, die keine Hoffnung haben«.[49] Oder auch Augustinus, wenn er mahnte: »[L]ass bei deiner Trauer wieder Trost in dein Herz kommen, denn aus der Traurigkeit wächst der Tod hervor, und der Kummer des Herzens kann die Starken schwach machen.«[50] Die Gefahr des Hängenbleibens in der Depressivität wird erheblich begünstigt, wenn der trauernde Mensch sich selbst die aggressiven Impulse des Aufbegehrens verboten hat. Um den Kampf zu bestehen, kann ihm jetzt der Glaube an den Gott, der den Tod überwindet und voller Lebensbejahung ist, zur entscheidenden Hilfe werden. Nämlich dabei, wirklich und ganz loszulassen, auch wenn der Trauernde das zunächst wie einen Sturz in die Bodenlosigkeit erlebt.

Es ist normal, dass Trauernde in dieser Phase des Lebens müde sind. Gar nicht selten ist das Phänomen des »Nachsterbens«, das verschiedene Formen annehmen kann. »Wenn der geliebte Partner stirbt, dann möchte man nachsterben«, schreibt Dagmar Berghoff. »Das ging mir ganz genauso. Der Gedanke an den Tod erschien mir selbstverständlich.«[51] Viele Hinterbliebene hegen den Wunsch, dem geliebten Menschen bald in den Tod folgen zu können. Immer wieder geschieht dies auch tatsächlich. Untersuchungen haben ergeben, dass die Sterblichkeit in den ersten beiden Jahren nach dem Verlust des Lebenspartners deutlich erhöht ist. In meiner

Verwandtschaft verstarb zum Beispiel eine Frau nach schwerer Krankheit exakt am ersten Todestag ihres plötzlich verschiedenen Mannes. Viele Trauernde gehen auch mit Selbstmordgedanken um.

3. Stadium: Akzeptanz

»Sag nie«, empfiehlt Epiktet, der Philosoph,

> »›Ich habe sie verloren‹, sondern: ›Ich habe sie zurückgegeben.‹ Dein Kind ist gestorben? Es wurde zurückgegeben. Deine Frau ist gestorben? Sie wurde zurückgegeben. [...] Was schert es dich, durch wen es der Geber von dir zurückforderte? Solange er es dir zur Verfügung stellt, behandle es als fremdes Eigentum wie die Reisenden ihre Herberge.«[52]

Das Gefühlschaos hat sich gelegt. Die Traurigkeit mag immer noch stark sein, aber sie ist sozusagen gereinigt, nicht mehr hoffnungslos, nicht mehr maßlos, sondern dem Schmerz entsprechend. Sie steht nicht mehr im Weg. Der Trauernde hat den Mut gefunden, den Schmerz anzunehmen. Darum kann er ihn nun auch ertragen.

Der Trauernde ist nun so weit, am Verstorbenen nicht mehr wie an seinem persönlichen Besitz festzuhalten, sondern ihn dankbar als Gottes Leihgabe zu betrachten. »Die Trauer setzt den Rotstift an und korrigiert sämtliche irrwitzigen Anspruchsideen«, schreibt Elisabeth Lukas. »Alles ist Leihgabe, alles ist Geschenk, das Leben als Ganzes ist ein Geschenk bis zum Tod‹, schreibt sie über unsere durchgestrichenen Besitztumsfantasien.«[53] Der Trauende kann nun loslassen, er versucht nicht mehr zu retten, was nicht zu retten *ist*, und kann es akzeptieren. Eine Witwe sagte nach einem Jahr der Trauerarbeit: »Ich glaube, ich fange jetzt an, aufzuwachen. Ich beginne zu leben, statt nur zu existieren [...]. Ich weiß, ich sollte jetzt planen, etwas zu tun.« Sie war wieder zu sich (selbst) gekommen. Das Ziel der Trauer ist ein neues, vertieftes Selbstbewusstsein.

Die Trauer kommt zum Abschluss. Der Trauernde hat ein neues Verhältnis zum Verstorbenen gewonnen. Er hat ihn nicht nur losgelassen, er hat ihn auch verinnerlicht. Der andere ist neu und motivierend ein Teil seines Lebens geworden. Der Trauernde übernimmt zum Beispiel Tätigkeiten, die er zuvor immer seinem Partner überlassen hatte. Er muss nun nicht mehr so wie zuvor an äußeren Verbindungen festhalten. Er hat Frieden mit der Vergangenheit geschlossen und Abstand gewonnen. An die Stelle der Klage über den Verlust wie auch an die Stelle der übermäßigen Verklärung ist das innere Band realistischer Dankbarkeit gerückt. Auch in der schweren Zeit des Leidens vor dem Sterben mag jetzt rückblickend Sinn gefunden werden. Dagmar Berghoff erinnert sich: »Unsere Beziehung bekam durch diese Krankheit nochmals eine solche Innigkeit und Tiefe, wie sie wahrscheinlich nur in Extremsituationen entstehen kann.«[54] Sofern es genug Gründe dafür gibt, ist die Erinnerung an den Verstorbenen nun von Dank geprägt, und je mehr Anhaltspunkte die gemeinsame Geschichte dafür gibt, umso leichter fällt dies jetzt.

Aber nicht nur das, sondern der Trauernde hat auch eine neue Haltung zum Leben gewonnen. Nach dem dunklen Tal der Einsamkeit genießt er die guten Beziehungen zu anderen Menschen, die ihm geblieben oder unter der Trauer neu erwachsen sind, stärker und tiefer. Die schwarze Trauerkleidung muss bunten Farben weichen. Die Freude am Leben hat sich durchgesetzt. Der dankbare Blick zurück gibt ihr Raum, und indem sie den Raum einnimmt, erleichtert sie den Dank. Die erwachte Dankbarkeit ist der neue Boden, den der Trauernde nun endlich unter seinen Füßen gefunden hat. Hannelore Risch schreibt:

»So wie nach dem Winter ein neuer Frühling folgt, wachsen mir neue Kräfte zu. Ich räume die Wohnung um, schenke die Anzüge meines Mannes her, nehme mehr und mehr seinen Schreibtisch ein und lese in seinen Büchern. Ein langer, dunkler Weg liegt hinter mir. [...] ›Ich kann mich ja noch freuen!‹ Tief atme ich ein und stelle fest: ›Ich lebe!‹«[55]

Neuer Tatendrang und neues Interesse an Beziehungen kennzeichnen dieses Stadium. Manche engagieren sich mehr als zuvor für andere, oft für Menschen, die Ähnliches durchzumachen haben. Vor allem Männer denken wieder ans Heiraten – Frauen tun sich da schwerer, denn sie werden in unserer Gesellschaft weniger dazu ermutigt und können sich eher nicht so leicht auf eine neue intime Beziehung einstellen. Mitunter erleben Frauen aber auch ihre neue Unabhängigkeit als Befreiung und bleiben aus diesem Grund lieber allein, zudem empfinden sie das sexuelle Defizit eher weniger stark als die Männer.

Glaubende Menschen erfahren nun auch dankbar die tragende Kraft Gottes und erkennen im Rückblick, dass er sie den ganzen Weg hindurch nicht im Stich gelassen hatte, wenn sie es auch nicht mehr fassen konnten. Sie finden neuen Sinn darin, die Trauer auf sich zu nehmen und geduldig weiterzugehen. Ein Pfarrer, der 1944 bei einem Luftangriff seine ganze Familie verlor, berichtete später über seine Trauererfahrung:

>»Da ist *er* zur Stelle, der allein in solchem Niedergebrochensein noch etwas vermag, *Christus.* Nicht, dass das Auge ihn zu sehen vermöchte, es bleibt äußerlich dunkel wie zuvor, und doch empfindet es die Seele so unmittelbar, dass gar kein Zweifel möglich ist: Er ist da und mit ihm seine ganz wunderbare Liebe, und die umgibt einen und trägt über den Abgrund hinüber. Alle Menschenworte sind unzulänglich, dieses Erlebnis noch näher zu beschreiben. Es gibt nur *ein* Wort, das am ehesten dieser Wirklichkeit entspricht, und das ist das Schriftwort: ›Auf Adlerflügeln getragen.‹«[56]

Kranke Trauer

In der Trauerliteratur wird zwischen »gesunder Trauer« und »pathologischer Trauer« unterschieden, wenn auch die Kriterien der Abgrenzung undeutlich sind. Auch hier bietet sich der Vergleich mit einer Wundheilung an: »Der Verlust eines geliebten Menschen ist psychologisch in dem Maße traumatisch, wie eine schwere Verwundung oder Verbrennung physiologisch traumatisch ist«, schreibt Worden.[57] Der Trauernde ist eben wie ein »waidwundes Tier« – die Verletzung kann lebensgefährlich sein. Die Wunde kann heilen, aber sie kann sich auch infizieren und dadurch tödliche Folgen haben. Oder sie kann so groß oder kompliziert sein, dass sie gar nicht mehr heilt und vernarbt. Sie kann auch an einer Stelle entstehen, wo sich bereits alte Wunden befanden, die nun wieder aufbrechen.

Pathologische (kranke) Trauer tritt fast nur beim Verlust enger Familienangehöriger auf. Frauen sind mehr davon betroffen als Männer. Kranke Trauer zeigt sich in vielen Symptomen. Meist handelt es sich um Merkmale der normalen Trauer, die ihr Maß verloren haben. Die Depressivität schlägt in schwere oder chronische Depression und Angststörungen um. Die Leugnung führt zur manischen Euphorie oder zur völligen Abspaltung der Gefühle, woraus häufig psychosomatische Störungen hervorgehen. Die Mumifizierung wird auf die Spitze getrieben und nimmt kein Ende. Die Neigung, sich mit Alkohol zu trösten, wird zum Alkoholismus, der Galgenhumor zum Zynismus. Die Leugnung der Realität des Todes mündet nicht in Akzeptanz, die Schuldzuweisungen verfestigen sich. Die phasenweise Isolation wächst sich zur dauerhaften Beziehungsstörung aus. Bowlby benennt zwei Grundformen pathologischer Verlustverarbeitung: die chronisch-depressive Trauer und die chronische Leugnung der Trauer. Die beiden wechseln sich nicht selten ab: Zum Beispiel kann bei ständiger Leugnung die latente Depression ganz unvermutet durchbrechen und gewissermaßen von der Person Besitz ergreifen.

Bowlby zufolge kann man die chronische Leugnung als die ins Unendliche verlängerte Eingangsphase des Nicht-wahrhabens-Wollens und die chronische Depressivität als Hängenbleiben im Stadium der Sehnsucht ansehen. Vielleicht sollte man darüber hinaus mit Erich Lindemann, dem Pionier der Trauerforschung, noch als dritte Grundform alle möglichen *verzerrten* Trauerreaktionen zusammenfassen. Jedenfalls kommt kranke Trauer vor allem dadurch zustande, dass der Verlust einfach nicht akzeptiert wird. Vielleicht liegt ihr wesentlicher Grund darin, dass sich ein Mensch weigert, die Tatsache der Sterblichkeit anzuerkennen.

Risikofaktoren

Als Risikofaktoren für pathologische Trauer gelten:

- Plötzlicher, unzeitiger, besonders schrecklicher und ungerecht erscheinender Tod,
- Selbstmord,
- Tod eines Kindes oder Jugendlichen,
- keine letzte Gewissheit, ob der Tod wirklich eingetreten ist, zum Beispiel bei Organspendern,
- überaus schwere Leidenszeit und Pflege,
- Mitverschuldung des Todes, zum Beispiel durch Unterlassung von Hilfe,
- Häufung von Verlusten,
- fehlende soziale Unterstützung,
- trauerfeindliches gesellschaftliches Umfeld,
- schwierige Lebensumstände, wie zum Beispiel wirtschaftliche Sorgen,
- konflikthafte Beziehung zum Verstorbenen, nicht zuletzt in den letzten Tagen vor dem Tod,
- ungesund enge Beziehung zum Verstorbenen (symbiotisch, anklammernd, abhängig etc.),
- geringes Selbstwertgefühl des Trauernden,
- übermäßige Selbstanklagen,
- fehlende Sinn-Ressourcen des Trauernden,

- Gefühlsunterdrückung durch den Trauernden,
- Einschränkung der Ich-Funktionen (Intelligenz, Wahrnehmung, Denken, Realitätsprüfung und Urteilsfähigkeit),
- ungelöste Konflikte und problematische Beziehungen,
- psychische Vorerkrankungen,
- labile psychische und physische Konstitution,
- keine Zeit und kein Raum zum Trauern,
- kein Kontakt zu Hilfsinstitutionen bei Trauer (Seelsorge, Beratung, Medizin),
- schlecht oder nicht verarbeitete Trauererfahrungen in der Vergangenheit,
- fixierte Vorstellungen über das Sterben und die »richtige« Art des Trauerns,
- Leiden des Hinterbliebenen an derselben Krankheit, die zum Tod des Angehörigen führte.

Trauer im Übermaß

Die Trauer kann krank werden, wenn der Betroffene nicht zur schmerzlichen, aber notwendigen Erkenntnis durchdringt, dass der Verlust tatsächlich und unwiederbringlich stattgefunden hat. Er lässt nicht wirklich los. Und so findet er denn auch Wege, immer weiter die Realität zu leugnen, umzudeuten und die Beziehung irgendwie über den Tod hinaus aufrechtzuerhalten. Folgende Varianten dieses Bemühens sind bekannt:

- Verdrängung der Trauer
- Umdeutung des Todes und Jenseitskontakte
- Nicht endende Trauer.

Verdrängung der Trauer

In solchen Fällen wird die Phase des Nicht-wahrhaben-Wollens weit über ein gesundes Maß hinaus verlängert. Im Extremfall scheint der Betroffene keinerlei Schmerz oder Traurigkeit zu verspüren; er scheint emotionslos mit dem Verlust umzugehen. Oder er reagiert permanent euphorisch. Die verdrängte Trauer kann aber, durch andere Verlustereignisse hervorgerufen, zu einem späteren Zeitpunkt massiv durchbrechen. Die folgenden Verdrängungswege bieten sich an:

- Glorifizierung und Identifikation,
- Überaktivität und Rationalisierung,
- Mumifizierung,
- Somatisierung.

Glorifizierung und Identifikation. Dieser Weg wird besonders dort zur Versuchung, wo die Beziehung zum Verstorbenen in Wirklichkeit zwiespältig war, dieses Wissen aber tabuisiert wird. Es kann daran liegen, dass aggressive Gefühle dem Verstorbenen gegenüber verboten sind. Die Idealisierung unter Ausschluss der Wahrnehmung von Schattenseiten kann Bowlby zufolge ein tief in die Kindheit zurückreichender stabiler Abwehrvorgang sein. Die einseitige Idealisierung helfe dem Selbstgefühl des Trauernden, meint Spiegel, »ebenso wie es das Lob der sozialen Umwelt tut. Stolz auf den Verstorbenen sein zu können, stärkt die Sicherheit des geschwächten Ichs.«[58] Das habe aber auch seinen Preis: Die verstorbene Person wird überbewertet und damit auch der Verlust ins Unermessliche gesteigert; aus dem Verstorbenen wird ein göttliches Wesen. Berechtigte Aggressionen kann es einem solchen vollkommenen Heiligen gegenüber natürlich nicht geben, woraus zu folgen hat, dass die tatsächlich vorhandenen entsprechenden Impulse umgeleitet werden müssen. Der »anbetende« Trauernde bleibt vor dem verstorbenen »Übermenschen« ganz klein, er kann sich nicht lösen von ihm und unabhängige Eigenständigkeit entwickeln.

Der Verstorbene beherrscht weiterhin das Leben des Hinterbliebenen. Neben der Glorifizierung kann sich das im zwanghaften Bemühen niederschlagen, Verhaltensweisen des Verstorbenen im eigenen Leben fortzuführen – durchaus auch destruktive wie körperliche Gewalt – oder ständig etwas »für ihn« zu tun. Es kann auch zur Ausbildung derselben Krankheitssymptome kommen, an denen der Verstorbene litt. Oder es werden Eigenschaften des Verstorbenen in überzogener Weise auf andere lebende Personen projiziert, etwa auf ein Kind, in welchem dann seine Seele sozusagen weiterleben soll.

Auch testamentarische Vermächtnisse und maßgebende Weisungen auf dem Totenbett können übermäßiger Identifikation den Weg bereiten. Was in Spielfilmen gang und gäbe ist, sollte im realen Leben besser mit Zurückhaltung betrachtet werden: Sterbende verpflichten mit gehauchten letzten Worten einen Hinterbliebenen auf ein bestimmtes Erbe oder einen Auftrag und wehe ihnen, sie gehorchen nicht. Welcher Mensch hat aber das Recht, über das Schicksal eines anderen maßgebend zu verfügen? Das steht auch Sterbenden nicht zu. Gesunde Trauer führt dazu, den Verstorbenen ganz loszulassen. Der Sterbende hilft den Hinterbliebenden dabei wesentlich dadurch, dass er sie selbst loslässt. Wenn sich ein Hinterbliebener unter Druck auf Versprechungen am Sterbebett eingelassen hat, sollte er sich sehr ernsthaft fragen, ob es gerechtfertigt sein wird, sie einzuhalten. Er mag einen Fehler gemacht haben – aber Fehler können vergeben werden. Wesentlich zur Beantwortung der Frage ist die Überlegung, ob das Befolgen des Versprechens ein Mehr an Menschlichkeit und Lebensfreude hervorbringt oder ob es wie eine Hypothek auf dem lastet, der sich daran hält. Die hauptsächliche Triebkraft der übermäßigen Identifikation scheint das schlechte Gewissen als Folge einer zwiespältigen Beziehung zu dem Verstorbenen zu sein. Die bekannte Familientherapeutin Virginia Satir schreibt:

»Ich bin der Meinung, dass jeder, der irgendwann einmal einer Familie angehört hat, bei den übrigen Familienmitgliedern einen bleibenden Einfluss hinterlässt. Ein Mensch, der die Familie verlassen hat, hinterlässt bei den Zurückbleibenden oft eine sehr lebendige Erinnerung. Häufig haben solche Erinnerungen auch starken Einfluss auf das gegenwärtige Geschehen – und zwar oft einen negativen. Das muss jedoch nicht so sein. Wenn die Tatsache des Fortgehens aus irgendeinem Grunde nicht akzeptiert wurde, bleibt der Geist des Betreffenden sehr präsent und wirkt möglicherweise störend auf das aktuelle Geschehen. Wird das Fortgehen hingegen akzeptiert, so wirkt der Fortgegangene nicht weiter auf die Gegenwart ein.«[59]

Überaktivität und Rationalisierung. Übermäßig rationalisierende (vernunftbestimmte) Menschen scheinen besonders nüchtern mit dem Verlust umzugehen. Zum Beispiel trennen sie sich recht bald von den Hinterlassenschaften des Verstorbenen. Sie haben oft ein gespaltenes Verhältnis zu Gefühlen; Tränen sehen sie als Schwäche an. Sie haben den Anspruch an sich selbst, jede Situation hervorragend zu meistern. »Stark sein« bestimmt ihr Selbstverständnis und nach außen hin wirken sie auch so. Sie betäuben sich selbst durch übertriebene Geschäftigkeit. Nicht selten besteht diese in übermäßiger Zuwendung für andere Menschen in Not. Aber sie benötigen zu viel Kraft dafür. Schlafstörungen häufen sich, psychosomatische Beschwerden kommen hinzu, der Stresspegel ist zu hoch. Die Furcht, das alles nicht mehr aushalten zu können, kann groß werden. Oft werden solche Menschen zu Alkoholikern. Die Schlafstörungen führen zum Missbrauch von Schlaftabletten und dieser mündet wiederum in Medikamentensucht. Diese Trauernden spüren vermehrt eine tiefe Unzufriedenheit in sich, die sie aber diszipliniert im Griff halten. Häufig steht am Ende dieses erfolgreichen Verdrängungskampfes die Depression, die ganz unerwartet aufbrechen kann.

Mumifizierung. Hinterlassenschaften des Verstorbenen eine Zeit lang nicht anzutasten, ist als Aspekt des Nicht-wahrhaben-Wollens zunächst normaler Bestandteil gesunden Trauerns. Der Trauernde kann noch nicht glauben, dass der andere wirklich nicht mehr zurückkehrt. Krank werden Mumifizierungstendenzen erst, wenn sie auch noch nach einem langen Zeitraum um jeden Preis aufrechterhalten werden, um die Anerkennung der Endgültigkeit des Verlusts zu vermeiden. Der immer noch nicht aufgeräumte Kleiderschrank des Geliebten zum Beispiel wird mehr und mehr zum Hindernis im Trauerprozess. Er ist nicht Gegenstand dankbarer Erinnerung, sondern Gegenstand der Angst. Ständig holt der Trauernde bei seinem Anblick neu und schmerzhaft den schrecklichen Moment des Todes in die Gegenwart hinein, ohne ihn bejahend in die eigene Geschichte zu integrieren. Alles bleibt starr auf damals fixiert – als wäre durch den Tod des Verstorbenen die Zeit stehen geblieben. Der Trauernde braucht Mut zur Konsequenz. Sein Gewissen redet ihm ein, dass Verzicht auf Mumifizierung Verrat bedeuten würde: Als wäre dadurch der Verstorbene dem Vergessen anheimgegeben. Aber das Gegenteil findet statt: Solange er noch auf die äußere Verbindung fixiert ist, kann er den Verstorbenen nicht wirklich verinnerlichen als wichtigen Teil seiner eigenen Geschichte.

Somatisierung. Davon ist zu sprechen, wenn der Körper (griech: *soma*) den Schmerz der Trauer übernehmen muss, weil die Seele ihn nicht zulässt. Eine Vielzahl von Krankheiten wird genannt, die ein Ausdruck dafür sein können. Somatisierungen bieten sich bei allen Wegen der Trauervermeidung an (Chronisches Erbrechen, Kolitis, Anorexie, Migräne, Ohnmachtsanfälle, Atemnot, Asthma, Infektionen, Krebs und Diabetes). Wenn die Seele den Trauerschmerz als unerträglich einstuft, spaltet sie ihn ab; sie schiebt ihn sozusagen in den Keller des Unbewussten. Dort kann er sich verselbstständigen und als psychosomatisches Krankheitssymptom sein Eigenleben führen, ohne dass erkennbar wird, woher das Leiden stammt.

Umdeutung des Todes und Jenseitskontakte

Offenbar erleben viele Trauernde die Anwesenheit verstorbener Angehöriger durch starke Sinneseindrücke, die den Charakter von Halluzinationen und Auditionen annehmen und im Extrem wahnhafte Züge gewinnen können. Insbesondere dann, wenn die Verstorbenen durch Weisungen massiven Einfluss auf das Verhalten der Hinterbliebenen zu nehmen scheinen. »In Anbetracht des neu erwachten Interesses an Mystizismus und Spiritualität wäre es fesselnd, darüber nachzusinnen, ob es wirklich um Halluzinationen oder womöglich um metaphysische Phänomene anderer Art geht«, überlegt Worden.[60] Spiegel vermutet in derlei Phänomenen einen sozial gestützten »Mechanismus der Verleugnung«, der daraus resultiere, »dass in den modernen westlichen Gesellschaften keine einheitlichen Vorstellungen darüber bestehen, was der Tod eigentlich sei. Vorstellungen an ein Weiterleben sind weit verbreitet«.[61] Man wird sogar behaupten dürfen, dass der Mensch mit Vorliebe nach Wegen sucht, mit jenseitigen Geistern in Kontakt zu kommen, um auf sie Einfluss zu nehmen. Allerdings nur, sofern er nicht durch ein überzeugendes religiöses oder ideologisches System auf andere Wege gewiesen ist.

Dem Theologen Phil M. Steyne zufolge ist überall dort, wo die großen Religionen das Leben nicht bis in den Alltag hinein vorherrschen, die tatsächlich ausgeübte Religiosität der Menschen der animistische Geisterglaube. Dessen Zweck bestehe schlicht darin, auf magische Weise Kontrolle über die Lebensumstände zu erlangen, sehr oft auf dem Weg der Beziehungspflege zu Verstorbenen. Es kann nicht überraschen, dass durch den Relativismus der religiösen Werte in der Postmoderne das allgemeine Interesse an parapsychologischen Phänomenen stark zugenommen hat. »Die Toten haben, metaphorisch gesprochen, keinen Ort, an dem sie aufzufinden wären«, meint Spiegel.[62] Darum geistern sie sozusagen herum, und jeder kann sie suchen und zu finden meinen, wo er gerade will – seiner individuellen Patchworkreligiosität gemäß.

Natürlich setzt sich in der Öffentlichkeit auf diese Art die scheinbar angenehme Variante durch. Insbesondere durch die berühmte Sterbeforscherin Elisabeth Kübler-Ross (1926–2004) hat sich bis tief in die Kirchen und ihre Hospiz- und Trauerbegleitungsdienste hinein der pseudowissenschaftliche Mythos vom »sanften Tod« breitgemacht. Kübler-Ross bekannte in höherem Alter: »Meine eigentliche Aufgabe besteht darin [...], den Menschen zu sagen, dass es keinen Tod gibt.«[63] Nicht mehr weit von ihrem eigenen Tod entfernt gab sie in einem Interview, das in »Psychologie heute« veröffentlicht wurde, Auskunft über die Quellen ihrer Jenseitsinformationen:

> »Mir geht es nicht um Glauben, ich habe mit den Kirchen nichts im Sinn. Für mich ist das Jenseits eine Gewissheit. Meine Erfahrungen und meine ›Spooks‹ haben mich darin bestärkt. [...] Sie kommen aus dem Jenseits, um mir zu helfen, um mir den Weg nach drüben zu ebnen. Sie raten mir, wie ich mit meinem Leben umgehen soll, sie sagen mir sogar, welche Zigaretten am wenigsten schädlich sind. Sie waren ja früher auch einmal Menschen, sie wissen Bescheid. Ich kenne sie schon seit vielen Jahren«.[64]

Trauerpsychologisch gesehen ist eine derartige Aufhebung des Todes ein Festhängen in der Phase des Nicht-wahrhaben-Wollens und damit eine Form der *kranken* Trauer. Nach Bowlby sind die nachdrückliche Weigerung, an den Tod zu glauben, wie auch die Umdeutung des Todes, zu einem großen Teil Hauptthemen pathologisch-euphorischer Trauerverarbeitung.[65] Die Kirche hat sich auf solche Wege der Pseudobewältigung eingelassen und an dieser Stelle aus falschen Quellen geschöpft. Spiegel kritisiert zu Recht:

> »Die Theologie hat vielfach zur Verleugnung des Todes beigetragen. Von Verleugnung des Todes in der Theologie ist vor allem dann zu sprechen, wenn der Tod als ein Ereignis ohne jeden spezifischen Sinngehalt und als ein problemloser Übergang in eine besondere Welt postuliert wird«.[66]

Nicht endende Trauer

»Trauer und Depression sehen einander sehr ähnlich«, schreibt Worden, »und es stimmt auch, dass Trauern sich zu einer voll erblühten Depression entwickeln kann«.[67] Das ist im Verlauf des Trauerprozesses normal, sofern die Depressivität irgendwann zum Ende kommt. Aber sie kann chronisch werden. Auch das endlose Festhalten an der Trauer ist ein Festhalten an der Nicht-Akzeptanz des Verlusts, zum Beispiel dadurch, dass der Trauernde nicht bereit wird, zu vergeben und Frieden mit seiner eigenen Vergangenheit zu schließen. Er ist verbittert und bestraft sich selbst, indem er sich der Freude am Leben verweigert. Er verbietet es sich, eine neue Partnerschaft einzugehen. Er wird zum depressiven chronischen Wehklagenden, denn ein dankbares neues Ja zum Leben würde ihm wie Verrat an der Trauer vorkommen. Er schützt sich vor neuen Verletzungen durch die »Magie« der Sorge, deren Annahme lautet: »Wenn ich mich der Zukunft mit schweren, pessimistischen Gedanken nähere, kann mir nichts passieren, denn ich lasse es auf diese Weise nicht zu, noch einmal enttäuscht zu werden.« Hier wird aus der Not eine Tugend gemacht. Die Person erlaubt es sich nicht, wieder Freude am Leben zu genießen, um nicht erneut den Schmerz des Verlusts erleiden zu müssen. Auf diese Weise bleibt die Trauer in der Depression stecken.

Der Psychoanalytiker Peter Kutter nennt als einen elementaren Unterschied zwischen Trauer und Depression »die destruktive Aggressivität der Depression«.[68] Wahrscheinlich ist die Gefahr, dass die Trauer in der Depression stecken bleibt, besonders groß, wenn die aggressiven Gefühle der Trauer nicht zugelassen werden. Die Depressionsphase wird dann vorweggenommen und sie absorbiert die unverarbeitete Aggression in sich, die dann möglicherweise ein aggressives Gepräge gegen sich selbst bekommt.

Die Aggressionsphase habe reinigenden Charakter, meint Kutter. Wenn die »Kampfphasen« der Aggression und der Verhandlung durchlebt wurden, sei »die Widerstandskraft erschöpft. Die Betroffenen fühlen sich leer, fast willenlos, aber wie befreit, auf der Grenze. [...] Nun sind sie am Ende angekommen, verausgabt, doch wie erlöst, bereit, sich neuer Einsicht zu öffnen«.[69] Wenn die Person den Kampf jedoch meidet und stattdessen gleich die depressive Ergebenheit wählt, kommt sie nicht zu sich selbst. Sie bleibt hilflos und abhängig.

Aber nicht nur das Festhalten an der Trauer kann ihr Ende aufhalten, sondern es können auch die Umstände einen Menschen *darin* festhalten. Sehr viele Trauernde vereinsamen, weil sich schon bald keiner mehr um sie kümmert, auch nicht die eigenen Familienangehörigen. Wenn sich diese bittere Erfahrung mit ihrer eigenen Neigung verbindet, Probleme lieber »mit sich allein« zu bearbeiten, entsteht ein Teufelskreis der Isolation. Das wird noch besonders verstärkt, wenn der Trauernde die Schuld allzu leicht bei sich selbst sucht.

Teil II:
Den Trauerweg bewältigen

Hans-Arved Willberg

Dass Sigmund Freud den Begriff »Trauerarbeit« geprägt hat, macht Sinn. Trauerarbeit ist Aufbauarbeit. Sinn des Trauerns ist es, sich aktiv wieder neu im Leben einzurichten und darin wohlzufühlen. Die Arbeit des Trauerns gelingt uns nicht automatisch. Wir müssen uns selbst aktiv darum bemühen.

Das Kernstück der Trauerarbeit ist der Mut zur Konfrontation mit der Realität des Verlusts. Darum erlebt eine Person, die der Trauerarbeit nicht ausweicht, nicht weniger Leid und Schmerz. Aber sie geht daran auch nicht zugrunde, sondern sie geht daraus gestärkt hervor. Sie wächst daran. Sie deckt die Wunde nicht oberflächlich zu, sondern wagt die schmerzhafte Offenlegung. Und darum kann die Wunde nun auch heilen. Deshalb geht es zunächst darum, dass die Trauer wirklich in Gang kommt. Sie soll nicht so rasch wie möglich *auf*gelöst werden, sondern sie soll zuerst einmal überhaupt *aus*gelöst werden, auch wenn das sehr wehtut. Es kommt entscheidend darauf an, dass der Schritt vom Nicht-wahrhaben-Wollen zur Akzeptanz des Verlusts vollzogen wird.

Beides ist richtig: Wunden heilen von selbst – insofern stimmt der Satz »Die Zeit heilt alle Wunden«. Aber sie heilen nur von selbst, wenn sie ernst genommen und sachgemäß gepflegt werden. Die Fachleute weisen der Trauerarbeit darum zu Recht Trauer*aufgaben* zu. Kranke Trauer entsteht, wenn die Traueraufgaben nicht bewältigt werden, weil ein Mensch versucht, sie zu vermeiden. In Tabelle 04 sind Hauptmerkmale kranker Trauer den vier Traueraufgaben gegenübergestellt.

Traueraufgaben	Kranke Trauer
Akzeptanz des Verlusts	Leugnung des Verlusts
Zulassen des Schmerzes	Abwehr des Schmerzes
Neuaufbau des Lebens ohne den Partner	Weigerung, selbstständig zu werden
Neue Öffnung für andere Menschen	Dauerhafte Isolation

Es geht in der Trauer nicht nur darum, einen verlorenen Menschen ganz loszulassen, sondern eben auch, ein nicht mehr funktionierendes Lebenskonzept durch ein neues zu ersetzen. Der schwere Verlust lässt sich mit dem Einsturz eines selbst erbauten Wohnhauses vergleichen. Man hat so viel investiert, und nun ist nur noch ein Trümmerhaufen übrig. Jetzt will das Durcheinander aufgeräumt werden und neuer Mut und eine neue Sicht für den Wiederaufbau wollen gewonnen werden. Dazu brauchen wir Flexibilität und Hartnäckigkeit: Flexibilität, um uns auf die Unabänderlichkeit des Verlusts einzustellen, und Hartnäckigkeit, um konsequent unsere Ziele neu zu definieren und ihre Verwirklichung voranzutreiben. Einer Untersuchung des Psychologieprofessors Siegfried Preiser zufolge gelingt uns das am besten, wenn wir über »die soziale Unterstützung von Familienangehörigen oder Freunden wie auch eine ›aktive christliche Glaubensorientierung‹« verfügen.[70]

Trauersitten

Rituale geben Halt, darum dienen sie der Krisenbewältigung. In jeder Kultur gibt es Rituale, durch welche die erste Etappe des Trauerwegs strukturiert und gestützt wird. Trauerrituale sind ein ordnender Gegenpol zum vorherrschenden Gefühlschaos bei den Betroffenen. Sie haben recht unterschiedliche Formen. Es tut der Trauer gut, wenn sie Struktur bekommt. Das Bedürfnis, sich loslassen und der geregelten Begleitung anderer überlassen zu können, ist groß – nicht immer selbst stark sein zu müssen, sondern sich anlehnen zu dürfen, auch nicht alles neu erfinden zu müssen, sondern sich auf Altvertrautes zu verlassen.

Gute Trauersitten ordnen nicht nur, sondern sie helfen auch beim angemessenen Gefühlsausdruck. Sie schaffen eine Solidargemeinschaft des Trauerns, in der sich der Einzelne aufgehoben fühlen kann und die ihm Raum für seine Emotionen gibt, diese zugleich aber auch kanalisiert und begrenzt.

Trauersitten sind aber nicht schon allein dadurch Hilfen zur Trauerbewältigung, dass es sie gibt. Sie können das Problem auch erschweren. Zum Beispiel wird in manchen Kulturen die Wut tabuisiert oder die Trauernden setzen sie in Blutrache um. Problematisch wird es außerdem, wenn den Trauernden zu viel Haltung abverlangt wird. Man kennt auch Trauerriten, die der Selbstbestrafung dienen, etwa durch brutale Selbstverletzungen. Zweifellos liegt ein Sinn von Trauerritualen darin, mit den Schuldgefühlen zurechtzukommen. Aber es ist doch sehr die Frage, wie das geschieht. Aus christlicher Perspektive kann das Schuldthema in diesem Zusammenhang nur ganz auf die Vergebung fokussiert sein.

Trauersitten erfüllen auf der ganzen Welt folgende sinnvolle Funktionen:

- Sie helfen, die Realität des Verlusts anzunehmen.
- Sie definieren das gewünschte Ziel für den Verstorbenen und vermitteln im Blick darauf Trost.

- Sie geben dem emotionalen Ausdruck der Trauer einen gesellschaftlich akzeptierten Rahmen, wozu auch die Festlegung des Endes der offiziellen Trauerzeit gehört.
- Sie führen die Hinterbliebenen in ihre neue gesellschaftlich definierte soziale Rolle ein.
- Sie ermöglichen, sich dem Verstorbenen gegenüber dankbar zu zeigen und ihm durch die Ehrung einen letzten Dienst zu erweisen.
- Sie ermöglichen dem weiteren Umfeld des Verstorbenen, Abschied zu nehmen und Gefühle zu äußern.
- Sie schaffen sozialen, geistlichen, historischen – Generationen übergreifenden – und oft auch wirtschaftlichen Zusammenhalt zwischen dem weiteren Umfeld des Verstorbenen und den Hinterbliebenen.

Ein sehr wichtiger einleitender Akt des Trauerrituals ist der Abschied. Dem Sterben in einem ruhigen und würdigen Rahmen beigewohnt und den Toten gesehen zu haben, kann für den Heilungsprozess der Trauer eine entscheidende Hilfe sein. Verständlicherweise haben viele Trauernde Angst vor der Begegnung mit dem Toten. Sie befürchten, es nicht aushalten zu können. Aber das »Schlimmste«, was ihnen in der Situation widerfahren kann, ist Weinen. Dieses hört von selbst wieder auf und hat eine lösende Wirkung.

Auch die Bestattung und die entsprechenden Handlungen in ihrem Zusammenhang wie Traueranzeigen[71] helfen der Realisierung des Verlusts wesentlich. Spiegel plädiert darum dafür, unbedingt der Erdbestattung gegenüber der Feuerbestattung den Vorzug zu geben.[72] »Die stärkste Bekräftigung des Todes ist das Versenken des Sarges und der erste Erdwurf«.[73] Auf jeden Fall solle auch der (geschlossene) Sarg bei der Bestattungszeremonie zugegeben sein. Der Ort der Beerdigung, nämlich Friedhof und Grab, behält auch nach der Bestattung eine wichtige Funktion im Trauerprozess. Nicht nur, um die Akzeptanz der Endgültigkeit zu erleichtern und um Erinnerung zu pflegen, sondern auch als Begegnungsstätte Trauernder. Nicht zuletzt hat auch die gemeinsame Mahlzeit nach der Bestattung ihren guten Sinn. Sie stiftet Gemeinschaft und erinnert daran, dass es weitergeht.

Hilfreich strukturierend wirkt auch im Allgemeinen die Liturgie des gottesdienstlichen Ablaufs der Bestattung.[74] »Liturgie verleiht einer von chaotischer Formlosigkeit oder auch von lähmender Unfähigkeit zu trauern bedrohten Situation Sprache«, meint der Theologe Klaus Berger. »In ihren Formen praktiziert sie dabei vertraute Einfachheit und Öffentlichkeit.«[75] Wichtig ist allerdings, dass die Liturgie den Trauernden nicht fremd erscheint. Darum ist es wünschenswert, dass sie in die Gestaltung einbezogen werden. Andererseits sollen sie auch nicht alles neu erfinden müssen. Sie dürfen sich der Tragkraft altbewährter guter Worte des Glaubens überlassen. »Die christliche Botschaft bietet den Trauernden mehr als bloße Beschwichtigung und emotionale Krücken«, bemerkt der Theologe Howard Clinebell zu Recht. »Die Symbole einer religiösen Tradition können die Tiefenschichten der Psyche anrühren und das Gefühl des Vertrauens erneuern, welches allein dem Menschen hilft, seine existenzielle Angst zu bewältigen«.[76]

Unterschiedlich wird die Funktion der Trauerkleidung erlebt.[77] Für viele ist sie ein äußeres Zeichen ihrer Schutz- und Distanzbedürftigkeit. Wer Schwarz trägt, darf besonderen Respekt beanspruchen. Renate Schmidt berichtet: »Ein Jahr lang habe ich ausschließlich Schwarz getragen. […] [I]ch wollte mit der schwarzen Kleidung signalisieren: ›Lasst mich in Ruhe, ich will euch jetzt nicht um mich haben.‹ Ich habe mich in dieser Trauerkleidung regelrecht verborgen.«[78] Andere fühlen sich aber durch die Trauerkleidung eingeengt und gebrandmarkt. In manchen Gegenden gibt es die Sitte, dass Witwen ihre Trauerkleidung lebenslang nicht mehr ablegen, um dadurch stets an den verstorbenen Gatten zu erinnern. Es ist fraglich, ob solche Gebräuche Trauernden wirklich helfen können.

Ob die überlieferten Trauersitten unserer westlich-christlichen Kultur dem heutigen Menschen den gewünschten Halt auch tatsächlich geben, wird von vielen bezweifelt und verneint. Viele stellen eine emotionale und soziale Verflachung fest. Die Diskrepanz zwischen der christlichen Liturgie und dem tatsächlichen Glaubensverständnis der Trauer-»Gemeinde« ist oft eklatant. Das verkündete »Wort Gottes« geht allzu oft über die Köpfe der Trauernden hinweg und stellt keine vertrauenswürdige Verbindung zwischen dem Glauben, dem Leben des Verstorbenen und der Situation der Hinterbliebenen her.[79] Insbesondere der Aspekt des Klagens komme zu kurz.

Klagen und Weinen

»Frau Miles ballte die Hände zur Faust«, erzählte die Krankenhausseelsorgerin Nina Hermann.

>»Ich will einfach fragen ›Gott, warum lässt DU das zu? Warum tust
>DU ihr das an? Warum so etwas Schreckliches? Warum der Todes-
>kampf? Es ist einfach unfair!‹ Sie hielt inne. Ich wartete. ›Wissen
>Sie‹, fuhr sie fort, ›es ist schlimm, so etwas zu sagen, aber momen-
>tan macht mich dieser Gott fast wahnsinnig. Ich bin wütend auf
>ihn. Richtig wütend. Es ist schlimm, so etwas zugeben zu müssen,
>und es tut mir auch leid … aber ich kann mir nicht helfen. So fühle
>ich eben.‹«[80]

Anny Hahn, die Gattin des von den Bolschewisten seines Glaubens wegen ermordeten baltischen Theologen Traugott Hahn, notierte nach seinem Tod:

>»Wie konnte ich singen: ›… der dich erhält, wie es dir selber gefällt.‹
>Das wäre gegen die Wahrheit gewesen. […] [E]s gibt ein ›zu schwer‹
>für den, der gerade eben erst zu Tode getroffen wurde. Gerade als
>Christ darf man auch im Schmerz ganz natürlich und wahrhaftig
>bleiben.«[81]

Die Kritik an der christlichen Trauertradition, wonach Emotionen und insbesondere Aggressionen zu wenig Raum erhalten, hat schon eine lange Vorgeschichte. Bereits in der frühen Kirche bis ins Hochmittelalter hinein war dem Klerus das Gebaren der überaus weit verbreiteten »Klageweiber« ein Dorn im Auge. Immer noch scheint es ein unausgesprochenes Gebot zu geben, den Gefühlsausdruck in der Trauer nur ja nicht zu übertreiben. Mit den Klageweibern ging auch die Klage selbst weitgehend verloren und damit ein uraltes, biblisches, heilsames Mittel der Trauerarbeit. Obwohl es viele Klagetexte in der Bibel gibt, kommen sie in den Traueragenden der großen Kirchen kaum vor.

Der Hinterbliebene sieht sich der Ohnmacht der Einsamkeit ausgesetzt und muss damit irgendwie zurechtkommen. Der Verstorbene hat ihn verlassen. Es gibt kein Zurück – hilflos ist er der grausamen Realität des Todes ausgesetzt. Zu Recht akzeptiert er dessen Herrschaft so wenig wie die Diktatur einer lebenszerstörenden politischen Macht. Er lehnt sich auf. Die unpersönliche Macht des Todes bietet ihm keinen Gegenpart der Klage und Anklage, wohl aber Gott, der diesen Tod zugelassen hat. Klage angesichts des Todes und aller Mächte, die ihm dienen, ist Protest gegen die Fremdherrschaft. Wer das Leben liebt, der kann nicht anders, als sich der Diktatur des Todes zu widersetzen. Spiegel stellt richtigerweise fest, »dass Gott den Tod nicht will und daher auch die Theologie nichts anderes tun kann, als gegen den Tod zu protestieren und zu seiner Überwindung zu motivieren«.[82]

Die Trauer kann zur Akzeptanz durchdringen, wenn sich die Anklage zum Gebet wandelt. Das heißt keineswegs, dass sie gedämpft wird und »gesittete« Formen annimmt. Die Meinung, der enttäuschte Christ müsse sich auf »anständige« Weise Gott nähern, wie ein tief Untergebener einem hohen, bedrohlichen Herrn, ist nicht biblisch. Es geht bei diesem Wandlungsprozess ausschließlich um die Richtung des Klagens und um die Bereitschaft, Trost zu empfangen. Auf Gott ausgerichtete Klage ist immer Gebet. Wir dürfen mit Fäusten auf Gott losgehen, voller Wut und Enttäuschung über die Unverständlichkeit und Ungerechtigkeit seines Weges mit uns – Gott hält das aus, er versteht uns und nimmt uns an. Aber wir müssen ihm nicht den Rücken zukehren, denn dadurch verschließen wir uns auch von vornherein dem Trost, und so schädigen wir uns nur selbst dadurch. Und wir dürfen dann auch wieder unsere verkrampft geballten Fäuste zu empfangsbereiten Händen werden lassen. Doch ohne Druck. Gott erträgt uns nicht nur gern in unserer Wut, sondern er gibt unserer Trauer auch die Zeit, die sie braucht. Er wird uns immer wieder freundlich fragen, ob er uns beschenken und trösten darf. Aber er wird uns nicht drängen. Solange wir noch nicht so weit sind, dürfen wir verschlossen bleiben. In der Klage liegt Heilkraft. Wer klagt, gibt sich dem Schicksal nicht fatalistisch hin, sondern er nimmt die Herausforderung des Leidens an. Der Weg zum Trost führt über die Klage. Durch den Kanal der Klage fließt die Trauer aus.

Der Theologe Thomas Frister ist der Meinung, dass die Verweigerung des Klagens Folge eines falschen Gottesbildes sei. Der Trauernde würde die Vorstellungen von seinem eigenen Vater auf Gott übertragen. Daraus würde er dann Selbstinstruktionen wie die folgenden bilden:

- »Für deine Klage interessiert sich keiner!«
- »Wehe dir, wenn du widersprichst!«
- »Beherrsche dich und zeige keinen Schmerz!«
- »Du hast vom Leben ohnehin nichts Positives zu erwarten!«
- »Du kannst nie wissen, woran du mit Gott bist!«
- »Klage ist Unglaube!«

In Wirklichkeit ist die Klage aber normaler Bestandteil gesunden Glaubens. Wer klagt, der besteht darauf, dass er sich zwar in einem dunklen Tal befindet, dass dies aber nicht Sinn und Ziel seines Lebens ist. »Im Klagen halten wir daran fest, dass Gott Gutes will für uns«, schreibt Frister.[83] Und der Theologe Ulrich Heckel betont: »Die Klage ist kein allgemeines Gejammer, sondern ein zielgerichteter Protest. Sie drückt keinen Mangel an Schicksalsergebenheit aus und ist auch kein Zeichen von Resignation, sondern Aktivität.«[84]

Als Hilfe für das eigene Klagen bieten sich die biblischen Klagetexte an, insbesondere die Klagepsalmen.[85] Jeder dritte Psalm ist ein Klagepsalm. Die Klagepsalmen sind »Sprache gewordene Trauer«.[86] Insbesondere Aggressionen werden in ihnen zum Teil schockierend ehrlich und offen zum Ausdruck gebracht. »Vielfach haben wir [...] starke Hemmungen, bestimmte, besonders negative, Gefühle zuzulassen, etwa Zorn, Wut und Neid«, stellt Frister fest. »Die Beter der Psalmen haben diese Hemmungen nicht. Ihre große Ehrlichkeit kann uns ermutigen, selbst ehrlich zu unsren Gefühlen zu stehen.«[87] Dadurch, dass wir die unangenehmen Gefühle nicht verdrängen, sondern ihnen Ausdruck geben, gewinnen wir Abstand zu ihnen und können mit ihnen umgehen; und wir werden menschlicher dadurch. Was wir aber verdrängen, beherrscht uns hinterrücks. Wenn wir uns selbst nicht in der Lage fühlen, Gebete zu formulieren, können wir uns einfach von den Psalmen mitnehmen lassen, wie von einer Musik oder einem Gedicht. Und je mehr es uns gelingt, uns hineinzugeben, desto mehr werden wir uns darin finden. So werden sie uns zum Begleiter. Wir fühlen uns in ihnen verstanden und angenommen. Sie sprechen uns mit unterschiedlicher Intensität an. Manches berührt uns kaum, manches empfinden wir als fremd, anderes scheint aber genau in unsere Situation zu passen. Sie nehmen uns mit und führen uns letztendlich in die Dankbarkeit zurück.[88]

Die Verfasser der Psalmen haben ähnliche Erfahrungen wie wir gemacht. Dort werden nicht nur ausdrücklich geistliche Kämpfe, Verfolgung und Krieg geschildert, sondern wir begegnen neben Wut und Enttäuschung auch in eindrücklicher Nachvollziehbarkeit der Depression. Sehr häufig ist von »Feinden« die Rede, die dem Beter Übles wollen und ihm sogar nach dem Leben trachten. Das ist nicht nur im buchstäblichen Sinn gemeint, sondern auch im übertragenen.

»Warum!?« ist wohl das häufigste Klagewort. Jesus betete am Kreuz den Klagepsalm 22: »Mein Gott, mein Gott! Warum hast du mich verlassen?« Die Sprache der Bibel verwendet zwei Begriffe für »warum«, wo uns nur einer zur Verfügung steht:

- Das auf Information ausgerichtete »warum« (*maddua*): Es möchte eine schlüssige Antwort erhalten.
- Das ungeduldig vorwurfsvolle »warum« (*lamma*).

Wenn Menschen in der Bibel zu Gott »warum« sagen, wird fast immer die zweite Variante gebraucht. Sie kommen nicht zurecht damit, dass Gott ihnen Versprechen gegeben hat, die er nicht zu erfüllen scheint.

Klagen steht auf der aktiv-aggressiven Seite der Trauerbewältigung. Auf der passiven Seite steht das Weinen. Zu weinen ist etwas sehr Menschliches. Die Bibel sagt uns, dass Gott unsere Tränen sehr ernst nimmt und dass der Tag kommt, an dem er alle Tränen abwischen wird. Gott will trösten. Aber Trost kann nur empfangen, wer nicht allzu tapfer ist und sich darum auch erlaubt, zu weinen. Staretz Sossima, der weise Seelsorger in Dostojewskis »Die Brüder Karamasow«, empfiehlt einer Mutter, die ihr Kind verloren hat:

»Und so gib dich denn nicht damit zufrieden, Weib; tröste dich nicht, und lass dich nicht trösten, sondern weine, nur wisse zu jeder Stunde, wo du weinst, dass dein Sohn einer der Engel Gottes ist, dass er von dort auf dich niederschaut, dich sieht und sich deiner Tränen freut und Gott den Herrn auf sie hinweist. Und lange noch, Mutter, wirst du die Tränen deines großen Schmerzes weinen, doch schließlich werden sie sich in eine stille Freude verwandeln, und deine bitteren Tränen werden dann nur Tränen einer stillen Ergriffenheit sein«.[89]

»Es ist nichts daran geändert, denn es kann nichts daran geändert werden«, kommentiert der Theologe Romano Guardini die Stelle, und fährt fort:

»Aber das unveränderlich Wirkliche soll als Ganzes zu Gott geführt werden, in letzter, bis in die Wurzel gehender Ergebung. Von dort her wird das Ganze umgewandelt werden; Verwandlung wird geschehen aus dem von der Gnade ergriffenen, in der Liebe Gott sich schenkenden Herzen heraus.«[90]

Weinen ist heilsam. Es entspannt. Weinen hat einen erleichternden, lösenden Effekt und baut Stress ab. Gesunde Menschen scheinen mehr zu weinen als psychosomatisch Erkrankte. Weinen kann sogar als etwas sehr Angenehmes empfunden werden. Das mag daher rühren, dass die Lust- und die Schmerzbahn im Gehirn eng miteinander verbunden sind. Forschungsergebnisse zeigen, dass wir im Allgemeinen in der Übergangsphase vom Höhepunkt einer emotionalen Erfahrung zur »Normalität« hin weinen. In dieser Phase übernimmt das für Entspannung zuständige parasympathische Nervensystem die Kontrolle über den Organismus. Außerdem animiert Weinen die Umwelt zu Mitgefühl und Hilfe.

Während die Klage noch von der Nicht-Akzeptanz gezeichnet ist, passen Weinen und akzeptierende Traurigkeit gut zusammen. Es ist, wie es ist. Es tut sehr weh, ich bin sehr traurig, aber es darf auch so sein. Ich kann mich loslassen, und gerade darum kann ich auch ohne Hemmung weinen. In der Klage fehlt der Friede noch. Im Weinen kann er schon gefunden sein. Weinen schafft Abstand. Der Tränenschleier wirkt gewissermaßen als eine Schutzglocke, unter der wir wieder zu uns selbst finden können.

Natürlich ist Weinen nichts schlechthin »Gutes«. Es kann viele unterschiedliche Funktionen erfüllen. Es gibt »heilige« Tränen, aber auch sehr berechnende und verführerische. Trotzdem gilt das Weinen aber meist als Zeichen von Aufrichtigkeit und echter, tiefer Empfindung.

Frauen weinen in unserer Kultur mehr als Männer. Die Behauptung, dass Frauen sowieso weinen und Männer es besser unterlassen sollten, ist aber eine fragwürdige Blüte der Kulturgeschichte des 20. Jahrhunderts, als der »tränenlose Mann als Höhepunkt männlicher Tugend« betrachtet wurde. Durch den Trend zur neuen Ganzheitlichkeit kam dieses Ideal jedoch bereits wieder sehr in Misskredit und der Feminismus stellt es bisweilen auf den Kopf: Da wird dann die weinende Frau genauso verdächtigt wie der nicht weinende Mann.

Empfehlungen zum Umgang mit der Trauer

Trauerbewältigung ist Trauer*arbeit* und darum zum großen Teil das Resultat *aktiver* Bemühungen des Betroffenen. Die folgenden Empfehlungen zeigen, worauf es dabei besonders ankommt.

Wichtig ist, dass Sie sich nicht überfordern. Die Trauer braucht ihre Zeit. Sie werden zwar wahrscheinlich in jeder »Trauerphase« von allem etwas erleben, aber trotzdem müssen Sie erst die ganze Spirale hinaufgegangen sein, um wirklich mit der Trauer ans Ziel zu kommen. Es gibt keine Abkürzungen!

Lassen Sie uns wieder auf die vier Traueraufgaben zurückkommen. Sie bieten sich als Gliederung für den Umgang mit der Trauer an.

- Den Verlust akzeptieren
- Den Schmerz zulassen
- Das Leben neu gestalten
- Sich wieder anderen Menschen öffnen.

Das sind die Aufgaben. Das gilt es jetzt zu üben.

1. Den Verlust akzeptieren

Diese Aufgabe steht am Anfang und am Ende des Trauerprozesses. Sie stellt sich immer wieder neu und vertieft. Die Fähigkeit der Akzeptanz des Verlusts ist abhängig von unserem Mut, den Tatsachen ins Auge zu sehen. Es geht darum,

- zu begreifen, dass der andere tatsächlich nicht mehr da ist und auch nicht zurückkommt,

- zu überprüfen, ob, wo und wie sich überdauernder Sinn und Halt für Ihr Leben findet,
- die Vergangenheit im Frieden hinter sich zu lassen.

Begreifen Sie, dass der andere tatsächlich nicht mehr da ist. Erst, wenn Sie den Verlust ganz realistisch sehen, können Sie ihn auch annehmen. Führen Sie ihn sich darum immer wieder und so konkret wie möglich vor Augen. Erinnern Sie sich an die verstorbene Person und wie es war, als sie von Ihnen ging. Sie können das Geschehen nur dann verarbeiten, wenn Sie es ver-inner-lichen. Scheuen Sie sich auch nicht vor sehr unangenehmen Details. Gehen Sie ganz bewusst in die Situation zurück, um immer besser zu realisieren, was wirklich passiert ist. Den Verlust sehen heißt vor allem: wirklich hinsehen. Verzichten Sie auf alle Schönfärberei.

Überprüfen Sie, ob, wo und wie sich überdauernder Sinn und Halt für Ihr Leben findet. Stellen Sie sich der Sinnfrage in genau der Radikalität, mit der sie jetzt an Sie herantritt. Sie stehen an der Grenze der Existenz. Was ist auf der anderen Seite? Was trägt? Die Grenze des Todes ist eine Grenze der Angst. Stellen Sie sich Ihrer eigenen Todesangst. Was tröstet Sie da wirklich? Geben Sie sich nicht mit vertröstenden Antworten zufrieden. Sie erleben den Tod als Übermacht. Ist es Gott, der Sie so bedrängt? Was hat er mit Ihnen vor? Gefällt es ihm, wenn Sie leiden? Diese Frage schreit nach Antwort in Ihnen. Meist äußert sie sich im verzweifelten »Warum?!« Lassen Sie diese Frage zu und wenden Sie sich damit an die richtige Adresse, nämlich an Gott selbst. Kanalisieren Sie Ihre Aggression auf Gott. Wenn es eine tröstliche Antwort gibt, dann nur bei ihm. Klagen Sie. Sie werden sehen: Der Trauerprozess kommt weiter dadurch. Der Glaube, wenn er auch zeitweise voller Zweifel und Anklage ist, wird Ihnen zur entscheidenden Hilfe werden, das Schicksal letztlich anzunehmen.

Auch die Frage, wo Ihr Angehöriger jetzt ist, kann beunruhigend sein und verlangt nach einer Antwort des Glaubens. Diese ist von Ihrem Gottesbild abhängig. Ist *Gott* Ihr Feind oder ist der *Tod* Ihr Feind? Die tröstlichsten Antworten darauf finden Sie in der Bibel. Sie bezeugt, dass Gott das Leben und die Menschheit liebt und alles hasst, was das Leben zerstört. Gott leidet selbst mit jedem Trauernden. Der Tod hat nicht das letzte Wort, weil Gottes Liebe stärker als der Tod ist. Zuletzt behält das Leben den Sieg. Wenn Sie sich der Frage nach dem Sinn konsequent stellen, kann aus dem »Warum« allmählich ein »Wozu« werden. Dann wandelt sich die Fragestellung: Die große Leere des Verlusts wird zum ungefüllten neuen Lebensraum. Er will betreten und gewonnen werden.

Lassen Sie die Vergangenheit im Frieden hinter sich. Akzeptieren heißt Loslassen. Wenn Sie jetzt daran denken, kommt es Ihnen vielleicht so vor, als sollten Sie allen Halt verlieren und abstürzen. In der Tat: Loslassen bedeutet jetzt: sich fallen lassen. Was geschieht mit Ihnen, wenn Sie es wagen? Wohin werden Sie fallen? Inhaltlich ganz nah bei dem Wort »Akzeptanz« liegt das Wort »Vergebung«. Sie werden nur dann wirklich zur Akzeptanz des Verlusts durchdringen, wenn Sie Frieden mit Ihrer Vergangenheit geschlossen haben. Aber dazu brauchen Sie den Mut zu schonungsloser Ehrlichkeit.

Teil der Traueraufgabe ist es, eine neue seelische Beziehung zu der verstorbenen Person herzustellen. Dies beinhaltet auch die Aussöhnung mit ihr. Das wird möglich, wenn Sie sich erlauben, auch negative Gedanken über die verstorbene Person zu haben, die ja kein Engel war und deswegen auch an Ihnen schuldig wurde. Nichts kann so sehr zum Frieden mit der unveränderlichen Vergangenheit beitragen wie die Vergebung. Aber Sie können nur das vergeben, was Sie zuvor auch ganz ernsthaft als Schuld beim andern erkannt haben. Auch hier gilt darum: Verschließen Sie nicht die Augen davor, auch nicht vor ganz Unangenehmem.

- Der andere, der gegangen ist, braucht Vergebung. Er war auch nur ein Mensch.
- Die Menschen, die sich nicht optimal verhalten haben, als er starb, oder sogar Mitschuld an seinem Tod tragen, brauchen Vergebung.
- Die Menschen, die Sie gerade jetzt, in dieser größten Krise, im Stich gelassen oder abgespeist haben, brauchen Vergebung.
- Sie selbst brauchen Vergebung. Solange Sie sich noch mit Selbstvorwürfen herumquälen, haben Sie noch nicht losgelassen und noch

nicht wieder zu sich selbst gefunden. Sie können aber nicht mehr zurück und die Geschichte verändern.

Entflechten Sie den Wirrwarr von echter Schuld und Selbstvorwürfen, die bei anderen nur ein schmerzlich berührtes Kopfschütteln hervorrufen können. Kein Zweifel: Sie sind am anderen schuldig geworden, denn wir werden alle aneinander schuldig. Sie dürfen dazu stehen. Es nimmt kein bisschen Ihres Wertes weg. Es kann hilfreich sein, mit dem ganzen Paket der Schuld, der Vorwürfe und der Anklagen einmal vor Gott zu kommen und es dem zu überlassen, der an unserer Stelle alle Schuld auf sich genommen hat und uns einlädt: »Kommt alle her zu mir, die ihr müde seid und schwere Lasten tragt, ich will euch Ruhe schenken.«[91] Darin liegt auch der Sinn des Beichtens. Lassen Sie sich von einem Seelsorger dabei helfen. Das kann wie ein Stich in den Eiter der Verbitterung sein, der ihn abfließen lässt. Aber überfordern Sie sich nicht! Alles hat seine Zeit.

2. Den Schmerz zulassen

Der »Königsweg« der Bewältigung besteht darin, viel über das Verlustereignis zu *sprechen* und seinen Gefühlen Ausdruck zu verleihen. Der Schmerz lässt nicht dadurch nach, dass Sie ihn unterdrücken, sondern dadurch, dass Sie ihn zulassen und zur Sprache bringen. Lassen Sie Ihre Gefühle zu, auch wenn sie Ihnen peinlich, unsinnig und lästig erscheinen. Durch Unterdrückung werden sie so wenig bewältigt, wie ein schreiendes Baby dadurch zu Ruhe gebracht wird, dass man ihm ein Pflaster auf den Mund klebt. Der Schmerz wird vorübergehen, wenn sie Ihn akzeptieren. Indem Sie immer wieder Menschen, die zuhören können und wollen, von dem Ereignis erzählen und den Emotionen Raum geben, die dabei hochkommen, kann Ihr aufgeschrecktes emotionales Gedächtnis allmählich still werden. Andernfalls würde es das Verlustproblem ohne Ihre Einflussmöglichkeit oft wieder von selbst so lebendig werden lassen, als wäre es gerade erst geschehen, zum Beispiel im Traum und bei Orten und Situationen, die mit dem Verlust in enger Verbindung stehen.

Je besser es Ihnen gelingt, das Ereignis wieder *bewusst* zu durchleben, weil Sie es sich genau vergegenwärtigen, desto mehr beruhigt sich ihr *unbewusstes* emotionales Gedächtnis. Geben Sie der Emotionalität des Trauerns Raum. Verletzte Tiere legen sich in ein Versteck, um ihre Wunden zu lecken. Sinnvolle Trauer ist vorübergehender Rückzug, damit die Wunden des Verlusts heilen können. Trauer ist ein Heilungsprozess, und Heilungsprozesse sind Wachstumsprozesse. Sie können nicht künstlich beschleunigt werden, aber ihr natürlicher Fortschritt kann durch vernünftige Maßnahmen gefördert werden.

Beanspruchen Sie viel Raum und Zeit zum Trauern. Lassen Sie sich nicht unter Druck setzen. Größere Entscheidungen, die von außen an Sie herangetragen werden, dürfen Sie gern aufschieben: Die Trauer hat jetzt Vorfahrt. Akzeptieren Sie, dass die Trauer mehr Zeit und andere Zeit*en* brauchen will, als Sie und andere ihr zugestehen wollen. Gerade so wird die Heilung am schnellsten voranschreiten und gerade so wird auch die Freude am Leben wieder mehr Raum in Ihnen bekommen. Erlauben Sie sich den Rückzug, wenn Sie ihn brauchen. Suchen Sie die Stille auf. Gehen Sie in die Natur. Erlauben Sie sich auch, manches unverändert zu lassen, bis Sie selbst spüren, dass die Zeit für Neues gekommen ist. Sie dürfen es wagen, sich fallen zu lassen – es wird Ihnen guttun.

Akzeptieren Sie Ihr Aufgewühltsein und besonders auch Ihr Aufbegehren. Die Gefühle der Aggression sind wichtiger Bestandteil des Heilungsprozesses. Wenn sie nicht zur Sprache kommen dürfen, schaffen sie sich auf unkontrollierten Umwegen Bahn. Aggressionen bekommen wir, wenn wir erfahren, dass etwas unseren Lebenszielen massiv zuwiderläuft, und wenn genug Lebenswille in uns ist, dass wir uns das nicht so einfach bieten lassen. Es ist angemessen, mit Aggression schon allein auf die Tatsache des Todes zu reagieren. Die Bibel sagt uns, dass der Tod unser *Feind* ist (1. Korinther 15,26). Es hilft nichts, ihn zu beschönigen. Er ist absolut lebensfeindlich und unbarmherzig. Ihr Aufbegehren dagegen passt zur Realität. Erlauben Sie sich darum den Ausdruck aggressiver Gefühle, statt sie zu unterdrücken. Wenn Sie die Wut akzeptieren, wird sie sich zu ihrer Zeit auch legen und der heilsamen Traurigkeit Platz machen.

Das A und O der Schmerzbewältigung im Trauerprozess ist das Sprechen. Haben Sie den Mut, auch immer wieder dasselbe zu erzählen, wenn Sie das Bedürfnis dazu empfinden. Aber erweitern Sie auch Ihr Ausdrucksrepertoire: Schreiben Sie, führen Sie ein Tagebuch, malen Sie, dichten Sie oder geben Sie der Trauer durch Musik und Tanz eine Gestalt. Suchen Sie Ausdruckshilfe in den Klagepsalmen.

3. Das Leben neu gestalten

Alles hat seine Zeit. So wichtig es ist, der Trauer Raum zu lassen, so sehr braucht sie auch die liebevolle Begrenzung. Sie werden selbst spüren, wenn es Ihnen nicht mehr hilft, sich den starken Gefühlen und dem Bedürfnis nach Rückzug hinzugeben. Für alles gibt es ein gesundes Maß, auch für das Trauern. Verhindern Sie darum nach Möglichkeit, dass die Traurigkeit übermächtig wird. Sie soll nicht das Recht haben, Ihr Leben völlig auszufüllen. Es gibt noch anderes. Und genau in diesem anderen liegt ja auch Ihre Zukunft! Die Trauer soll Sie nicht daran hindern, tapfer und entschlossen das Leben neu zu gestalten. Dazu folgen nun einige praktische Hinweise.

- Lassen Sie den Schmerz zu, aber pflegen Sie ihn nicht.
- Konzentrieren Sie sich immer wieder bewusst auf anderes.
- Strukturieren Sie die Trauer.
- Trauern Sie nicht mehr als angemessen.
- Gönnen Sie sich Gutes.
- Richten Sie sich auf die Zukunft aus.

Lassen Sie den Schmerz zu, aber pflegen Sie ihn nicht. Ein bewährtes Mittel gegen Schmerz im Übermaß ist die Ablenkung im Sinne der bewussten Konzentration auf eine sinnvolle Tätigkeit. *Ab*lenkung soll *Hin*lenkung der Aufmerksamkeit auf die vorhandenen Lebensmöglichkeiten sein. Und was würden Sie tun, wenn Sie große *körperliche* Schmerzen hätten? Wahrscheinlich würden Sie sich einem Schmerzmittel nicht verweigern. Wenn die Trauergefühle über einen längeren Zeitraum übermäßig stark werden und dadurch sehr viel Kraft rauben, können auch bei Trauerschmerzen vom Arzt verschriebene beruhigende Medikamente und Antidepressiva eine Hilfe sein. »Das schrecklichste Schlachtfeld sind die Gedanken und Gefühle der inneren Dialoge«, erzählt eine Trauernde.[92] Medikamente können vorübergehend dabei helfen, dass es wenigstens mal eine Feuerpause gibt! Manche Experten sind der Meinung, man solle im Trauerprozess ganz auf Medikamente verzichten, da der Schmerz sonst verdrängt werde. Ich halte das für eine unnötige Extremposition. Es gilt nur darauf zu achten, dass Medikamente den Trauerprozess nicht allzu sehr dämpfen.

Konzentrieren Sie sich immer wieder bewusst auf anderes. Sie können es nicht brauchen, ständig dem Drang zu klagen und zu grübeln nachzugeben. Das würde Ihnen zu oft die Konzentration auf das rauben, was im Alltag für Sie wichtig ist. Ein Kompromiss kann in fest eingegrenzten Grübel- und Klagezeiten bestehen. Achten Sie darauf, sich nicht einfach von den Gefühlen wegschwemmen zu lassen, sondern Ihre Tage bewusst und sinnvoll zu strukturieren und sich auch, trotz Mühen, daran zu halten. Es mag Ihnen sehr unbarmherzig vorkommen, dass Sie nicht danach gefragt werden, ob das Leben weitergehen soll oder nicht. Nehmen Sie es trotzdem als Herausforderung und nicht als Fluch, dass schlicht und einfach der Alltag bewältigt sein will. Übernehmen Sie bewusst Tätigkeiten, die Ihnen der verstorbene Partner abgenommen hatte. Entwickeln Sie Ihre Selbstständigkeit, erweitern Sie Ihren Horizont. Nehmen Sie Hilfe in Anspruch, aber lassen Sie sich nicht zu viel abnehmen. Was Sie selber schaffen, wird auch Ihr Selbstvertrauen wieder stärken.

Strukturieren Sie die Trauer. Ritualisierte Ausdrucksformen tun der Trauer gut. Rituale strukturieren und kommen dadurch auch unserem Bedürfnis nach Kontrolle zu Hilfe. Sie bringen uns aber nur dann weiter, wenn sie die Bewältigung des Verlusts tatsächlich unterstützen; sonst können sie auch zu einem Bewältigungs*ersatz* werden. Gedächtniszeremonien an Tagen, die mit viel Erinnerung an den Verlust verbunden sind, können Sie dabei unterstützen, nicht hilflos von starken wieder aufflammenden

Gefühlen überwältigt zu werden, und stattdessen heilsame und dankbare Erinnerung zu pflegen. Hilfreich kann ein eigener Raum der Erinnerung sein, eine stille Ecke in Ihrer Wohnung zum Beispiel, in der Sie Gegenstände und Fotos Ihres verstorbenen Angehörigen aufbewahren. Schaffen Sie sich auch anderswo Orte des Gedächtnisses, zum Beispiel an Plätzen, die Sie mit besonderem Dank an den Verstorbenen erinnern.

Trauern Sie nicht mehr als angemessen. Trauern ist schwere Arbeit. Wer eine solche zu verrichten hat, sollte auch sicher sein können, dass es sich lohnt. Man kann nur sinnvoll verarbeiten, was wirklich stattgefunden hat. Sehr oft trauern Menschen aber, obwohl sie es nicht müssten, jedenfalls müssten sie es nicht in dem Maß, das sie erleben. Denn Trauer entsteht nicht nur durch den Verlust selbst, sondern auch dadurch, dass wir eine Erfahrung als einen Verlust *bewerten*. Das kann auf sehr unterschiedliche Weise zustande kommen:

- Ein greifbares Objekt geht verloren, auf das die Person Wert legt.
- Ein ungreifbares Objekt wie z. B. das Selbstwertgefühl wird beeinträchtigt (z. B. durch Beleidigung).
- Eine Bewertungsveränderung erfolgt: Was zuvor positiv beurteilt wurde, wird nun negativ gesehen.
- Ein Missverhältnis zwischen Erwartung und Erfüllung wird erfahren: Die Person ist enttäuscht.
- Ein möglicher zukünftiger Verlust wird vorweggenommen: Die Person geht mit der Möglichkeit so um, als wäre sie schon eingetreten.
- Ein Verlust, der sich nicht wirklich ereignet, wird befürchtet.
- Ein Verlust wird fälschlicherweise wahrgenommen.

Jeder, der trauert, hat den Eindruck, einfach von den Gefühlen übermannt zu sein. Aber muss es dabei *bleiben?* Ein entscheidender Schritt zur Bewältigung ist es, sich über die *Angemessenheit* des Trauerns klar zu werden. Auch unnötige Mythen über das Sterben und über die »richtige« Art des Trauerns können den Heilungsprozess erschweren. Einige seien genannt:

- »Man muss stark sein und darf seine Gefühle nicht zeigen.«
- »Es gibt einen bestimmten Zeitpunkt, an dem die Trauer zu Ende sein muss.«
- »Wenn ich den Verstorbenen wirklich geliebt habe, darf ich nie mehr glücklich sein.«
- »Es gibt kein schlimmeres Schicksal als meines.«
- »Darüber werde ich nie mehr hinwegkommen.«
- »Der Tod ist Gottes Wille, darum darf ich nicht trauern und klagen.«
- »Ich kann die Trauer nur durch Betäubung bewältigen.«
- »Mir kann niemand helfen.«
- »Gott straft mich durch diesen Verlust.«
- »Der Tod darf erst kommen, wenn man (sehr) alt ist.«

Solche Gedanken können zu fixen Vorstellungen werden. Dann hält sie der Betroffene für die reine Wahrheit. Aber jeder dieser Gedanken ist in Wirklichkeit nichts anderes als eine unbewiesene Behauptung. Das bedeutet: Auch wenn es schwerfällt – es ist möglich, sinnvoll und erlaubt, Alternativen zu finden!

Es geht nicht darum, dem schweren Verlust gegenüber eine stoisch-gleichgültige Haltung einzunehmen. Aber es geht darum, allmählich die Egozentrik der eigenen Betroffenheit zu überwinden und die Verhältnismäßigkeit des eigenen Leidens wahrzunehmen.[93] Und dazu können uns auch stoische Weise wertvolle Anstöße geben, wie zum Beispiel der Philosoph Epiktet:

»Ein Kind oder die Frau eines andern ist gestorben. Es gibt keinen, der nicht sagen würde: ›Das ist nun einmal das Los des Menschen.‹ Wenn aber jemandem das eigene Kind stirbt, dann klagt er sogleich: ›Weh mir, ich Unglücklicher.‹ Wir sollten uns jedoch erinnern, was wir empfinden, wenn wir hören, dass andere ein solches Unglück getroffen hat.«[94]

Im Grunde genommen lesen wir dasselbe auch in der Bibel: »Lehre uns bedenken, dass wir sterben müssen, auf dass wir klug werden«, heißt es dort.[95] Normalerweise bedenken wir es viel zu wenig, obwohl es unabänderlich ist. Und wenn dann der Tod tatsächlich in unserem Umfeld oder bei uns selbst anklopft, behaupten wir, er müsse sich in der Adresse geirrt haben. Aber behaupten wir das auch, wenn das Nachbarhaus betroffen ist? Oder Menschen irgendwo weit weg in der Welt?

Es kann auch helfen, zu überlegen, wer es denn nun eigentlich besser hat. Der Verstorbene oder die Hinterbliebenen? Würde er unsere Versuche, ihn hier festzuhalten, bejahen? Besonders bei Menschen, die im Frieden mit Gott dieses Leben verlassen haben, ist das zu fragen. Sind sie denn nicht jetzt endlich am Ziel? »Der Tod ist kein Unglück für den, der stirbt, sondern für den, der überlebt«, hat Karl Marx gesagt.[96] Theologisch und im Sinne einer allgemeinen Wahrheit ist der Satz unhaltbar. Aber ganz sicher ist sehr oft etwas Wahres daran. Besonders dann, wenn mit dem Tod ein schweres Leiden zu Ende ging.

Nehmen Sie sich und Ihr Leid ernst, aber nicht allzu wichtig. Es gibt noch andere Leidende auf der Welt. Und je mehr wir davon erkennen, desto schwerer ist die Frage zu beantworten, wer schwerer zu tragen hat und welches Leiden gerecht und welches ungerecht ist. Hannelore Risch erzählt eine Geschichte aus Indien, die sie selbst in der Trauer gestärkt hat:

> »Einer Mutter starb ihr einziges Kind. Sie war untröstlich, bis sie den Auftrag erhielt, sich Blumen für einen Strauß zu erbitten aus Häusern, wo es keinen Kummer gibt. So ging sie von Haus zu Haus und hörte viel Leidvolles, wo sie helfen und raten konnte. Dadurch überwand sie ihren eigenen Schmerz. Ohne Blumen, doch getröstet, kehrte sie zurück. Im ganzen Ort gab es kein Haus, das keinen Kummer kannte, keine Familie, wo kein Trost nötig war. Für andere da sein ist Medizin für das wunde Herz.«[97]

Manchmal kann auch eine Prise Selbstironie helfen. Der Dichter Gottfried Keller hat es damit versucht.

»Ein Meister bin ich worden,
zu weben Gram und Leid;
ich webe Tag und Nächte
am schweren Trauerkleid.

Ich schlepp' es auf der Straße
mühselig und bestaubt;
ich trag' von spitzen Dornen
ein Kränzlein auf dem Haupt.

Die Sonne steht am Himmel,
sie sieht es und sie lacht:
Was geht da für ein Zwerglein
in einer Königstracht?

Ich lege Kron und Mantel
beschämt am Wege hin,
und muß nun ohne Trauer
und ohne Freuden ziehn!«

Gottfried Keller[98]

Gönnen Sie sich Gutes! Lassen Sie sich nicht durch Schuldgefühle und Selbstanklagen davon abhalten, verantwortlich für sich selbst zu sorgen. Es ist nicht wahr, dass Sie Verrat am Verstorbenen üben, wenn Sie nicht mehr immerzu an ihn denken und die ganze Zeit traurig sind. Würde er sich wirklich daran freuen? Würde er Ihnen nicht vielmehr wünschen, dass es Ihnen gut geht und dass Sie sich des Lebens wieder freuen können? Gönnen Sie sich genügend Ruhe und achten Sie freundlich auf Ihre körperlichen und seelischen Bedürfnisse. Trauer ist eine außerordentliche Stresserfahrung. Wahrscheinlich fühlen Sie sich immer wieder gehetzt, voller Unruhe und nur wenig selbstbewusst. Wahrscheinlich ist auch, dass Sie unter Schlafstörungen leiden und deutlich anfälliger für Infektionen sind. Gehen Sie deshalb haushalterisch mit Ihren Kräften um und sorgen Sie für viel Entspannung. Helfen Sie sich nicht oberflächlich mit Schlaftabletten und Beruhigungsmitteln, sondern entspannen Sie auf eine gesunde Weise.[99] Achten Sie darauf, dass Sie sich gesund ernähren, genug für Ihre Fitness tun und möglichst gut schlafen können. Schaffen Sie sich Inseln der Ruhe und Erholung und entdecken Sie neue Tätigkeiten oder alte wieder neu, die Ihnen Freude machen.

Richten Sie sich auf die Zukunft aus. »Nicht der Vergangenheit nachtrauern und sich nicht zu viel durch Zukunftssorgen beschweren, sondern den gegenwärtigen Augenblick leben, das Hier und Jetzt – das erscheint mir wesentlich«, folgerte die Psychologin Annemarie Tausch aus Gesprächen mit vielen Krebspatienten und ihren Angehörigen.[100] Wer an der Vergangenheit klebt, projiziert sie auch in die Zukunft. Die verklärte Vergangenheit wird als Anspruch auf die Zukunft bezogen: »Wenn es nicht so schön wie früher wird, lohnt sich das Leben nicht mehr.« Ebenso auch die leidvolle Vergangenheit: »Wenn es mir früher so schlecht ging, wird es auch in Zukunft nicht besser werden.« Beides können Sie nur vermeiden, wenn Sie die Vergangenheit entschlossen zurücklassen und sich konsequent auf sinnvolle und erreichbare Ziele in näherer Zukunft konzentrieren. Machen Sie sich das Motto »Heute ist der erste Tag vom Rest meines Lebens!« zu eigen. Und indem Sie sich so Schritt für Schritt vorwärts bewegen, überwinden Sie auch Ihre Hilflosigkeit und die Zukunftsangst. »In den letzten

Jahren war ich die Witwe meines Mannes«, schrieb Hannelore Risch in ihr Trauertagebuch. »Doch damit bin ich noch nicht am Ziel angelangt. Das Leben geht weiter. Neue Lebensbereiche öffnen sich, in denen ich mir selber näherkomme.«[101]

4. Mut zum Weitergehen

In der Bibel steht eine Geschichte, die Mut zum konsequenten Weiterge-hen machen kann. Gott hat beschlossen, die unglaublich unmenschlich gewordenen Städte Sodom und Gomorra zu vernichten. Aber den Gerech-ten Lot und seine Familie möchte er retten. Dazu sendet er zwei Engel.

»Bei Tagesanbruch drängten die Engel Lot: ›Nimm deine Frau und deine beiden Töchter. Geh los, damit du nicht umkommst, wenn das Gericht über die Stadt hereinbricht.‹ Als Lot immer noch zögerte, nahmen die Engel ihn, seine Frau und seine Töchter bei der Hand und führten sie aus der Stadt hinaus, denn der Herr wollte sie verschonen. Außerhalb der Stadt ließen die Engel sie wieder los. ›Lauf um dein Leben!‹, warnten die Engel ihn. ›Bleib nirgends stehen und schau dich nicht um! Flieh in die Berge, damit du nicht umkommst.‹ – ›Ach, Herr, bitte nicht‹, bat Lot. ›Du warst so gnädig und hast mir das Leben gerettet! Aber ich schaffe es nicht mehr bis ins Gebirge, bevor das Unglück über die Stadt hereinbricht und mich in den Tod reißt. Jenes Dorf ist nahe genug, um dorthin zu fliehen. Es ist doch nur klein. Ich will mich dort in Sicherheit bringen. Ist es nicht klein genug, damit ich in ihm am Leben bleiben kann?‹ – ›Gut‹, antwortete ihm einer der Engel, ›ich will auch diese Bitte erfüllen und dieses Dorf nicht zerstören. Bring dich schnell dort in Sicherheit. Denn ich kann nichts tun, bevor du nicht dort bist.‹ Darum wurde das Dorf Zoar genannt. Die Sonne ging gerade auf, als Lot das Dorf erreichte. Da ließ der Herr Feuer und Schwefel vom Himmel auf Sodom und Gomorra regnen. Er machte die Städte dem Erdboden gleich, zusammen mit der ganzen Ebene. Er tötete alle Bewohner und vernichtete alles, was dort wuchs. Lots Frau aber schaute auf der Flucht zurück und erstarrte zu einer Salzsäule.«[102]

Lot in der Krise: Seine Umwelt ist nicht mehr das, was er sich von ihr erhofft hatte – es war so ganz anders gekommen. Er wollte sich im blühenden Leben niederlassen, aber das blühende Leben erwies sich zu einem großen Teil als feindlich. Er merkt: Ich bin gar nicht zu Hause in meinem neuen Zuhause. So geht es manchem, wenn er sich im Leben eingerichtet hat. Er hat sich niedergelassen. Aber es ist nicht so, wie er es sich vorgestellt hat. Er ist enttäuscht.

Lot in der Krise: Jetzt erscheinen auch noch die Engel, um ihn herauszuholen. Es kommt also *noch* einmal anders. Etwas völlig Unvorhergesehenes. Ein Schock. Ein Aufbruch – wohin eigentlich? So viel steht fest: Es wird nichts bleiben, wie es vorher war. In dein neu gewonnenes Zuhause wirst du nicht mehr zurückkehren.

Plötzlich eine Krankheit. Plötzlich arbeitslos. Plötzlich ein fatales Missgeschick. Plötzlich der Tod. Oder es hat sich lang angebahnt, aber es war noch Hoffnung da. Und jetzt ist der glimmende Docht ausgegangen. Enttäuschung, Nötigung zum neuen Anfang. Vielen geht es so, die sich niederließen, um die Ruhe zu genießen, die wohlverdiente, wie sie meinten. Und schon heißt es wieder: Verlassen. Wohin?

Lot in der Krise: Er ist hin- und hergerissen. Sollte ich mich wirklich ganz von dieser Heimat lösen? Er ist enttäuscht. Aber sollte er wirklich alle Hoffnungen begraben? Doch es bleibt ihm keine Wahl mehr. Es muss anders werden, es geht nicht mehr weiter so. Die Engel nehmen ihn bei der Hand. Sie zerren ihn nicht gewaltsam. Sie führen ihn.

Lot ändert die Blickrichtung. Er merkt, dass es ernst ist. Deshalb geht er mit. Eigentlich will er ja gar nicht. Aber er spürt, dass die Zeit gekommen ist. Er hat hier keine Bleibe. Nein, es wird nicht mehr so wie früher, könnte ein trauernder Mensch sagen, dem es ähnlich geht wie Lot. Und ich werde alt. Weitergehen ist auch Gehen und ein für alle Mal zurücklassen, was ich nicht mehr halten kann. Ich muss diesen Weg unter die Füße nehmen. Sonst werde ich erstarren.

Lot beschäftigt sich mit Tröstlichem. Wer nur wegschaut und nichts Ermutigendes hat, worauf der Blick sich heften kann, der hält nicht durch.

Wegschauen ohne gute, neue Ziele ist Illusion. Aber das ist jetzt schwer für Lot, denn in der Krise weiß er nicht, worauf er sich noch freuen soll. Da tut er das Nächste und Beste: Er redet mit Gott und Gott geht auf ihn ein. Gott kommt ihm persönlich nah, spricht mit ihm wie von Mensch zu Mensch. Und er gibt ihm ein gutes Ziel für seinen Weg. Ein schwerer Weg wird es, aber nicht zu schwer für Lot. Er ist ihm angemessen. Die Engel begleiten ihn. Am Ziel ist Geborgenheit. Lot kann es schaffen. Mit Gott reden, das hilft. Jetzt klärt sich das Ziel. Jetzt lichtet sich der Horizont. Es geht nicht irgendwo hin, ins Unbekannte. Gott hat eine Zuflucht. Das macht Mut zum Weitergehen.

Lot geht beharrlich voran. Eines braucht er: Konsequenz. »Schau dich nicht um, Lot!« Bleib nicht mit deinem Herzen am Vergangenen hängen. Geh nur auf das Ziel zu. Du kommst nicht mehr zurück. Heute ist der erste Tag vom Rest deines Lebens. Sorge dich nicht um das, was du nicht mehr ändern kannst. Überlasse die Zukunft Gott, der dich führen will.

Der Theologe Hermann Bezzel hat einen wunderbaren Satz geprägt; wer sich daran hält, kann mitten in der Krise sorglos werden: »Gestern ist vorbei, morgen ist noch nicht da und heute hilft der Herr.« Beharrlichkeit ist die Konzentration auf jeden neuen Schritt. Jesus sagt: »Deshalb sorgt euch nicht um morgen, denn jeder Tag bringt seine eigenen Belastungen. Euer himmlischer Vater kennt eure Bedürfnisse.«[103]

Lot überwindet problematische Gedanken. Zweifel kommen: Lohnt das Ziel? Hält Gott sein Versprechen? Sollte ich mir nicht lieber wirklich diese neuen Ideen aus dem Kopf schlagen, solange ich noch irgendeinen Gewinn aus meinem alten Leben saugen kann? Nein, das ist nicht klug. Es gilt loszulassen, nach vorn zu schauen und nach vorn zu gehen, auf das Leben zu, das vor mir liegt. Gott hat *Gutes* mit mir vor. Widerstreitende Gedanken zermürben die Beharrlichkeit. Es lohnt sich, achtzugeben und auch einleuchtende Ideen kritisch zu betrachten: Was sagt dieser Gedanke denn eigentlich wirklich? Worauf will er hinaus? Will ich das wirklich glauben, was er sagt? Bringt es mich näher zu meinem Ziel?

Lot sieht Licht am Ende des Tunnels. Solange Lot, mit dem Blick ganz auf das Ziel gerichtet, unterwegs ist, bleibt er völlig bewahrt. Mehr und mehr überwindet er die Krise. Nun wird sie ihm zum Segen. Noch greift die Angst nach ihm. Noch ist es dunkel. Doch schon geht die Sonne auf und das bergende Tor des sicheren Dorfes liegt vor ihm. Der Weg ist nicht mehr weit. So wird der Glaube zur Gewissheit. Der Tod verliert seinen Schrecken. Die Zuflucht rückt näher. In der Bibel heißt es:»Werft dieses Vertrauen auf den Herrn nicht weg, was immer auch geschieht, sondern denkt an die große Belohnung, die damit verbunden ist! Was ihr jetzt braucht, ist Geduld...«[104]

Lots Frau verweigert sich dem Leben. Lots Frau geht ein Stück weit mit. Halben Herzens? Sie blickt sich um und erstarrt. Nicht der Weg hinaus aus dem alten Leben bedeutet den Tod. Das Hängenbleiben am Alten ist es, *das* lässt sie erstarren. Weil sie festhält, gibt es keine Zukunft für sie. Zwar ist das Vergangene unwiederbringlich verloren, aber sie hat entschieden: Was war, soll *allein* ihr Leben sein, obwohl es nicht mehr da ist. Das ist der Tod für sie.

5. Sich wieder anderen Menschen öffnen

Bleiben Sie mit Ihrer Trauer nicht allein, vor allem dann, wenn sie zur Verzweiflung wird. Welche Vertrauenspersonen können Sie in solchen Fällen anrufen? Auch die Telefonseelsorge ist eine gute Möglichkeit. Nehmen Sie Hilfe in Anspruch und lehnen Sie vernünftige Hilfsangebote anderer Menschen nicht ab. Suchen Sie auch das Gespräch mit Personen, denen es ähnlich geht wie Ihnen. Eine wichtige Hilfe können Selbsthilfegruppen sein.

Je enger Ihre Beziehung zu dem verstorbenen Menschen war, desto wichtiger ist für Sie die Aufgabe, sich selbst neu zu finden. Vieles bedarf einer neuen Organisation. Durch den Verlust dieses Menschen hat sich auch Ihr soziales Umfeld entscheidend verändert und es will neu definiert und geordnet sein. Besonders dann, wenn die verstorbene Person Ihnen viel abgenommen hat, ist das Selbstständigwerden jetzt eine zentrale Herausforderung und Aufgabe für Sie. Nutzen Sie dazu die Hilfe Ihres sozialen Umfelds. Gehen Sie offensiv auf andere zu, um ihre Unterstützung zu bekommen.

Bemühen Sie sich aktiv um die Erweiterung Ihres Horizonts. Pflegen Sie nicht den Kontakt zu jedermann, aber bemühen Sie sich aktiv um die Beziehung mit Personen, denen Sie vertrauen können und von denen Sie sich angenommen wissen. Wenn Ihnen Zweifel kommen, weil Sie auch das als Verrat an dem/der Verstorbenen empfinden: Ist es das wirklich? Würde er/sie tatsächlich wollen, dass Sie einsam bleiben? In der Tat: Wenn Sie auf neue Beziehungen setzen, gehen Sie das Risiko ein, auch diese wieder zu verlieren. Aber gibt es eine Alternative? Die Investition in eine Beziehung ist immer ein Wagnis, so oder so. Wollen Sie sich wirklich schützen und dafür den Preis bleibender Einsamkeit zahlen? Der Preis ist zu hoch. Ich kann mir nicht vorstellen, dass es das ist, was Sie tatsächlich wollen. Wenn Sie hingegen die Isolation überwinden und neu Freundschaft wagen, tun Sie das Beste, um die Trauer zu bewältigen.

Bei vielen Menschen bildet sich in der Trauer eine veränderte Einstellung zum Leben aus. Man wird sich der Endlichkeit des eigenen Lebens mehr bewusst. Das Leben wird kostbarer. Der Wert zwischenmenschlicher Beziehungen wird höher eingeschätzt als zuvor. Nutzen Sie dieses Potenzial, indem Sie sich für andere einsetzen. Nach Schuchardt sind »Aktivität« und »Solidarität« die Zielphasen des gesamten Trauerprozesses. Das Engagement für andere ist einer Untersuchung zufolge »eines der wirksamsten Mittel, die eigene Stimmung zu verändern«. Dem Publizisten Daniel Goleman zufolge gehört wesentlich zur Traumabewältigung »die ›Mission des Überlebenden‹, der sich berufen fühlt, dem Leben dadurch einen Sinn zu geben, dass er anderen hilft, die ein ähnliches Trauma erlitten haben«.[105] Das gilt auch für die Trauer. Überfordern Sie sich nicht mit sozialem Engagement, aber nehmen Sie wahr, was Sie leisten können, und verwirklichen Sie es.

Trauernde begleiten

Natürlich: Jeder muss mit seiner Trauer allein fertig werden. Aber je weniger er dabei von anderen unterstützt wird, desto schwieriger wird es für ihn. Trauernde brauchen Begleitung. Entscheidend ist jedoch nicht nur, *dass* sie begleitet werden, sondern vor allem, *wie* das geschieht. Ein Trauernder muss nicht »behandelt« werden, sondern unterstützt. Er braucht aktive Solidarität auf Augenhöhe. Hilfreiche Begleitung Trauernder ist individuell angemessene Hilfe zur Selbsthilfe. Sie versucht nicht, ihm die Trauerarbeit abzunehmen, sondern sie ermutigt ihn dazu, es selbst zu schaffen. Sie entmündigt nicht, sondern sie stärkt die Selbstheilungskräfte. In einem Klima der Achtung und Wärme erleichtert sie es dem Trauernden, sich der Tatsache des Verlusts zu stellen und vor allem auch darüber zu sprechen.

Die beste Voraussetzung für die Begleitung Trauernder ist gegeben, wenn ein aktives soziales Netz vorhanden ist, in das er eingebettet ist. Ganz besonders gefragt ist die Kirche. Das private Umfeld der Trauernden allein ist oft nicht in der Lage, die Begleitung zu leisten, und nicht selten ist es gar nicht vorhanden: Viele Trauernde sind sehr einsam. Und die Hilfe der »Professionellen« ist meist sehr begrenzt: Einerseits durch den Rahmen ihres spezifischen Auftrags, andererseits durch ihre eigene Unfähigkeit, mit Trauer umzugehen.

Wer Trauernden Begleiter sein will, darf die eigene Verlust- und Sterbensangst nicht meiden. Er muss zu sich selbst gefunden haben. Das beinhaltet, dass er für sich selbst sorgt, indem er seine Bedürfnisse und Grenzen realistisch einschätzt und ernst nimmt. Dann bleibt er im Innersten unabhängig von der begleiteten Person. Er ist nicht angewiesen darauf, dass sie sich von ihm helfen lässt. Er setzt den anderen nicht unter den moralischen Druck, ihm dankbar sein zu müssen. Seine Helferambitionen schlagen darum auch nicht in Verachtung um, wenn der Beifall für seine Bemühungen ausbleibt. Er hat die Freiheit, dann mehr Distanz aufzubauen, ohne den anderen aufzugeben; mit einem Wort: Er hat Geduld. Das alles fällt ihm nicht in den Schoß. Es ist Arbeit an der eigenen

Persönlichkeit. Es ist gut, wenn er sich selbst dabei unterstützen lässt. Je schwerer die Trauer derer ist, die er begleitet, desto nötiger wird das für ihn. Er wird sonst ausbrennen.

Besonders schwere und kranke Trauer wird zu oft nur oberflächlich durch Medikamente behandelt. Psychotherapie bei pathologischer Trauer konzentriert sich darauf, die Trauervermeidung zu überwinden, damit sich der aufgehaltene Heilungsprozess fortsetzen oder überhaupt erst in Gang kommen kann. Besonders wichtig ist, auch aus therapeutischer Perspektive, die intensive persönliche Begleitung.

Angemessene Begleitung

»[W]arum erhält so selten der Trauerkranke, der durch den Tod eines geliebten Menschen eine seelische Wunde erlitten hat, eine liebevolle Pflege durch seine Nächsten und Übernächsten?«, fragt Hannelore Risch.

»In unserer Gesellschaft wird weitgehend der Tod verdrängt und damit indirekt auch der Trauernde. Es machen heute zwar viele einen Erste-Hilfe-Kurs und wissen mit Kranken umzugehen, aber wie man Trauerkranken wohltut, davon haben sie wenig Ahnung. Könnte man nicht lehren und lernen, wie Trauernden zu helfen ist?«[106]

Der Trauernde begegnet einigen Helferpersonen wie Ärzten, Bestattern und Pfarrern, die »von Amts wegen« für ihn da sind. Wenn sie professionell arbeiten, sind sie sich nicht nur der Grenzen ihres Auftrags bewusst, sondern sie verhalten sich auch innerhalb dieser Grenzen angemessen dem Trauernden gegenüber. Leider scheint das gar nicht selbstverständlich zu sein. Viele Ärzte können mit dem Tod nicht umgehen – »nichts mehr machen zu können« empfinden sie als persönliche Niederlage und jenseits solcher »Versagens«-Erfahrungen sehen sie keine Zuständigkeit mehr für sich. Oft reagieren sie den Hinterbliebenen gegenüber hilflos, übermäßig sachlich und mit billigem Rat und Trost.

Mit den Pfarrern ist es kaum anders. Die Bestattung ist eine Amtshandlung, für die man »natürlich« viel zu wenig Zeit hat. Der Besuch bei den Trauernden zur Vorbereitung der Bestattung ist eine Pflicht, die zeitlich nicht zu viel Raum beanspruchen sollte. Dass ein Pfarrer den Erstbesuch als ersten Schritt eines langes Wegs der Begleitung sieht, ist die Ausnahme. Persönliche Anteilnahme und Verständnis für die Trauernden bleiben aus. Oft wirkt der Pfarrer, als würde er abgehoben über dem Verlustereignis stehen. Er verbirgt sich hinter Amt und Ritus. So werden unzählige Gelegenheiten, Vertrauen von Hinterbliebenen aufzubauen und auszubauen, versäumt. Andere Mitarbeiter wären oft zeitlich viel besser in der Lage, eine kontinuierliche Begleitung über lange Zeit hinweg zu gewährleisten, und andere wären oft auch besser dazu begabt. Aber im Einmannbetrieb »Gemeinde« werden diese anderen nicht gesucht und gefördert; allenfalls für ehrenamtliche Hilfsdienste wie die Überbringung eines Geburtstagsgrußes hält der Pfarrer sich ein Team. Das ist viel zu wenig. Trauernde brauchen nicht nur Begleitung auf den ersten Schritten des Wegs, sondern erst recht auch dann, wenn der Alltag wieder eingekehrt ist und die meisten Mitmenschen so zu tun beginnen, als wäre nichts gewesen. Gerade dann, wenn der Schmerz erst richtig groß wird, fühlen sich viele Trauernde im Stich gelassen. Sehr hilfreich kann es sein, wenn dem Trauernden zu diesem Zeitpunkt eine Selbsthilfegruppe zur Verfügung steht.

Auf billigen Trost verzichten

Die soziale Unterstützung ist für das Gelingen des Trauerprozesses von entscheidender Bedeutung. Gut gemeinte und doch schlecht gemachte Trauerhilfe kann aber auch zusätzliches Leid verursachen. Vor allem kommt es darauf an, dass Trauerbegleiter ihre *eigene* Betroffenheit zulassen, wahrnehmen und verbalisieren. Gute Ratschläge und Vertröstungen, die nicht aus tatsächlicher Anteilnahme hervorgehen, sondern diese ersetzen, helfen dem Trauernden nicht. Eindrückliches biblisches Beispiel dafür sind die Freunde Hiobs.

Erika Schuchardt hat bei der Auswertung von 6 000 Lebensgeschichten leidgeprüfter Menschen festgestellt, dass sie besonders an der mangelnden

Beziehungsfähigkeit ihrer Begleiter litten. In der kirchlich-seelsorgerlichen Begleitung erlebten sie tendenziell, dass sie

- als Objekte behandelt wurden,
- vertröstet wurden,
- amtlich, aber nicht persönlich-mitmenschlich versorgt wurden.

Nur ein Drittel der Betroffenen hat die letzte Stufe des Lernprozesses, die soziale Integration, erreicht.

Immer gut gemeint, aber in der Wirkung manchmal sehr verletzend, sind »geistliche« Hilfen, die zur falschen Zeit und auf ungeschickte Weise vermittelt werden. Trösten kann nur, wer bereit ist, die Welt mit den Augen des anderen zu sehen, und wer sich deshalb wirklich in den anderen hineindenkt und -fühlt. Trost kann man nicht »machen«, sondern er ereignet sich *zwischen* Menschen; er ist immer Gottes Sache, immer Geschenk – für beide. Das Gebet zum Beispiel kann eine wunderbare, überaus tröstliche Hilfe sein, aber nicht, wenn es aus Prinzip und ohne Berücksichtigung des tatsächlichen augenblicklichen Bedürfnisses des Trauernden zum Einsatz kommt. Auch die Zusage von Bibelworten ist kein Heilmittel, das aus sich heraus wirkt, sondern sie muss passen. Ein Bibelwort ist kein Zauberspruch, der wie eine Formel dahergesagt werden kann und dadurch Schaden behebt. Leider tragen viele »Tröster« Bibelsprüche und pauschale Weisheiten wie einen Bauchladen vor sich her, der Distanz zwischen ihnen und den Leidenden gewährt – wer immer einen helfenden Spruch auf den Lippen hat, kann den anderen mit seinem tatsächlichen Problem dadurch »wunderbar« auf Abstand halten. Allzu oft und bei Trauernden besonders, weil Trauer ungeheuer verletzlich machen kann, sind Ratschläge in der Tat Schläge, die nicht aufrichten, sondern die Niedergeschlagenheit noch verstärken. Denn sie kommen nicht aus dem Verständnis für den Trauernden heraus, sondern ersetzen dies. Im Folgenden einige Ratschläge und ihre mögliche Deutung durch den Trauernden, die bei derartigen Sätzen leider auch oft zutrifft:

Formulierung	Das könnte heißen
»Du musst unter Leute kommen.«	»Da müssen andere her – mir wird das zu viel.«
»Melde dich, wenn du mich brauchst.«	»Ich stehe eigentlich nicht zur Verfügung – nur im äußersten Notfall.«
»Sei froh, dass du noch XY hast.«	»Reiß dich zusammen!«
»Anderen geht es noch schlechter.«	»Nimm dich nicht zu wichtig, lass dich nicht hängen!«
»Du musst dich ablenken!«	»Wie oft willst du das noch erzählen? Du nervst!«

Betroffenheit und Hilflosigkeit teilen

Viele wenden sich Trauernden nicht zu, weil sie glauben, raten und helfen können zu müssen. Aber Unsicherheit und Hilflosigkeit Trauernden gegenüber sind normal und passen zur Situation. Auch der Trauernde fühlt sich ja ganz hilflos – warum sollte es dem Begleiter anders gehen? Auch er weiß kein Mittel gegen die Übermacht des Todes. Daniela Tausch-Flammer rät den Begleitern, die eigene Hilflosigkeit wahr- und anzunehmen:

> »Es tut gut, sich nicht dagegen zu wehren und echt sein zu dürfen. Aus dieser Haltung heraus fällt es uns dann meistens leichter, auf den anderen zuzugehen, auch wenn wir nicht wissen, was wir sagen sollen. Es kann sein, dass es auch keines Wortes bedarf, sondern vielmehr ein warmer Händedruck, eine Umarmung oder ein Blick das zu sagen vermag, was uns mit Worten so schwerfällt.«[107]

Wer einen Trauernden begleiten will, braucht Mut zur Verletzlichkeit. Ich kann ihm nur helfen, wenn ich seine Betroffenheit ehrlich teile. Ich tue nicht nur so, als würde es mich treffen, sondern ich lasse mich wirklich treffen. Ich bin nicht mitleidig, sondern ich leide mit.

Die Übermacht des Verlusts bewirkt Hilflosigkeit. So geht es dem Trauernden, und dem Begleiter muss es nicht anders gehen. Es ist angemessen. Als Krankenhausseelsorger begleite ich eine Frau, deren Mann gerade verstorben ist, zum Ausgang des Krankenhauses. Der Schmerz ist sehr groß. Wir kommen am Stationszimmer vorbei. Sie verabschiedet sich von der Schwester, die ihren Mann gepflegt hat. Sie bedankt sich. Man spürt: Das kommt von Herzen. Es muss ihr gutgetan haben, wie diese Schwester mit ihr und ihrem Mann umgegangen ist. Die Schwester schaut verlegen zur Seite, findet keine Worte. Dann legt sie der Witwe die Hand auf die Schulter, schaut ihr in die Augen und sagt leise: »Alles Gute.« Dann gehen wir weiter in Richtung Ausgang. Es ist überhaupt nichts Besonderes passiert. Die Schwester, für die der Glaube eine große Bedeutung hat, mag sich sogar als Versagerin vorgekommen sein: Konnte ich der Frau denn nicht mehr sagen als das? Konnte ich ihr nicht deutlicher meine Anteilnahme vermitteln? Nein, sie konnte nicht, sie sollte nicht, spüre ich. Hilflosigkeit und Stammeln war das einzig Angemessene. Sie brauchte nicht Anteilnahme zu *vermitteln,* sie *nahm* Anteil. Sie war in diesem Augenblick *bei* dieser Frau, unabgelenkt, ganz. Nichts anderes brauchte die Witwe jetzt. Ein kurzer, völlig unspektakulärer Augenblick – voller Liebe und Trost. Denn hier fand ein Mensch – im Vorübergehen – einen anderen Menschen, der sich auf seinen Schmerz einließ.

Es macht hilflos, sich unter die Last eines übergroßen Leidens zu stellen, um diesen Menschen beim Tragen zu unterstützen. Wir spüren: Das geht gar nicht. Es ist zu viel. Wir verkraften es beide nicht. Die schnellen Antworten und Lösungen bleiben uns im Hals stecken, wenn wir etwas davon spüren, wie es *wirklich* ist. Wir empfinden dasselbe wie der Trauernde: Ohnmacht. Er kann nichts tun und wir können mit ihm gemeinsam nichts tun. Wer sich nicht unter die Last stellt, kann die starke Position des Helfers bewahren, aber das Herz des anderen erreicht er dadurch nicht. Er bleibt über ihm. Er versteht ihn nicht. Und dadurch wird er selbst zur Last.

Hilflosigkeit ist nicht dasselbe wie Unbeholfenheit. Der Unbeholfene hilft nicht, wo er könnte und sollte, weil er sich nicht zu helfen weiß. Der Hilflose würde sofort helfen, wenn er nur könnte. Hilflosigkeit bedeutet gerade nicht, die Hände in den Schoß zu legen, wo etwas zu tun wäre. Sie ist kein dumpfes, träges, mehr oder weniger immer gleichbleibendes Gefühl, sondern die Erfahrung des wachen, engagierten Menschen, der die tatsächliche Situation so aufmerksam wahrnimmt, dass er den Unsinn scheinbarer Hilfsmaßnahmen durchschaut. Der Hilflose sieht nicht weniger, sondern mehr: Er erkennt das Angemessene. Wenn es nichts zu sagen gibt, dann redet er nicht. Wenn es nichts zu tun gibt, dann tut er nichts. Wenn etwas nur sehr schwer zu sagen ist, dann tut er sich schwer, es zu sagen.

> »Ich wäre gerne mutig in der Begegnung mit deiner Trauer, aber ich bin es nicht. Ich wäre gerne mächtig im Lindern deines Leides, aber ich bin es nicht. Ich hätte gerne Klarheit und Perspektive bei Ansicht deiner verwickelten Gefühle und deines gewundenen Trauerweges, aber ich habe es nicht. Aber ich laufe nicht fort, ich fliehe nicht vor deiner Trauer, sondern bleibe neben dir. Das ist mein Angebot meiner Stütze und meines Trostes.«[108]

Hilflosigkeit ist auch nicht dasselbe wie Sprachlosigkeit, aber nicht selten besteht die angemessenste Reaktion auf schwere Trauer im Schweigen. Oft wird es beredtes, weinendes Schweigen sein. Auch dann, wenn wir selbst um Trost wissen und uns daran festhalten, liegt uns dieses Wissen als mitfühlenden Menschen nicht ständig auf der Zunge, sondern wir tragen es als Geheimnis im Herzen. Denn wenn es sich nicht von Herz zu Herz mitteilen lässt, wird es hohl klingen, dem Leben fremd, so richtig es auch sein mag.

Sehen, was gerade dran ist

Besonders in der Anfangsphase tut es den Trauernden gut, auf unspektakuläre Weise einfach nur Nähe und praktische Hilfsmaßnahmen zu erfahren. Das Weiterleben ist für sie ein Kampf ums Überleben geworden. Der Stress ist ungeheuer groß. Sie brauchen Entlastung.

Trauernde verstehen sich oft selbst nicht. Viele haben diese Erfahrung zuvor noch nicht durchgemacht. Sie erschrecken über die Symptome.

Immer wieder denken Trauernde, sie seien verrückt. Sie brauchen keine billigen Ratschläge, aber es tut ihnen gut, wenn sie informiert werden. Dann können sie verstehen, dass vieles von dem, was ihnen so seltsam vorkommt an ihrer Trauer, ganz normal ist. Quälende Selbstvorwürfe sind häufig: Sie fühlen sich schuldig am Tod ihres Angehörigen, sie meinen, nicht genug getan, nicht gut genug aufgepasst, nicht schnell genug reagiert zu haben. Hilfreich ist dann ein aufmerksamer Zuhörer, der sie ernst nimmt, aber ihnen auch freundlich widerspricht: »Wenn ich höre, was Sie alles investiert haben, um Ihrem Mann zu helfen, dann kann ich es mir gar nicht vorstellen, dass Sie verhängnisvolle Fehler gemacht haben. Ich habe in Ihrer Erzählung auch gar nichts davon gefunden.« Nicht zuletzt treiben theologische Fragen nach dem Warum, dem Tod und der Ewigkeit und nach Schuld, Vergebung und Gericht die Trauernden um und verlangen nach tröstlicher, aber auch wahrhaftiger Antwort.

Der Begleiter wird dem Trauernden gerecht, wenn er wahrnimmt, in welchem Stadium des Trauerprozesses sich dieser befindet, und sich darauf einstellt. Wer bitter klagt, kann keine Beschwichtigung brauchen. Aggressive Reaktionen wollen nicht persönlich genommen werden, sondern verstanden und akzeptiert sein. Wer noch festhält, Zusammenhänge konstruiert und den Verstorbenen überall sucht, kann nichts damit anfangen, mit der »Wahrheit« konfrontiert zu werden – wenn sie ihm nicht selber bewusst wird. Und wenn der Trauernde den Rückzug braucht, hilft es ihm, den Raum dafür zu bekommen, aber auch nicht der Isolation preisgegeben zu werden.

Einfach da sein, zuhören und nicht ausweichen

»Das war so gut für mich, dass ich bei meinen Freunden immer offene Ohren gefunden habe und niemals das Gefühl hatte, die jetzt vollzulabern, auch wenn ich es ihnen schon zum dritten Mal erzählte«, berichtet ein Trauernder im Rückblick.[109] Und ein Vater, der sein Kind verloren hat, sagt: »Freunde und Verwandte denken oft, dass sie, wenn sie über das verstorbene Kind sprechen, bei den Eltern Wunden aufreißen. Aber die Wunde liegt bereits offen da. Sie kann nicht aufgerissen werden. Mit dem Schweigen verletzt man die Eltern viel mehr.«[110] Der Begleiter darf Mut finden, den Trauernden auf sein Leid anzusprechen. Nichts ist so wichtig für ihn wie Menschen, die seine Nähe nicht scheuen und bereit sind, einfach freundschaftlich mitzutragen, ohne den Anspruch, etwas besonders Wichtiges für ihn zu tun. Vor allem kommt es darauf an, dass dies nicht nur hin und wieder einmal passiert. Er braucht Menschen, die beständig und verlässlich aktiv für ihn da sind.

Es ist so viel weniger wichtig, Kluges zu sagen, als einfach da zu sein und dem Trauernden Raum zu geben. Er möchte nicht immer vernünftige Gespräche führen müssen, er stellt auch die Stacheln auf und zieht sich zurück. Er darf auch schweigen. Er ist nicht immer angenehm für die anderen. Er verlangt nicht jederzeit nach Hilfe und er ist nicht stets dankbar für das Mitleid anderer. Er möchte akzeptiert sein und nicht noch mehr verlassen werden. Begleiten heißt annehmen und zugewandt bleiben. Viel ist schon gewonnen, wenn er den Mut findet, sich nicht mehr zusammenzureißen, sondern seine Gefühle frei zum Ausdruck zu bringen. Er darf klagen und weinen. Es wird ihm guttun – die Trauer fließt, die Wunde heilt. Zwar hilft das Reden mehr als das Weinen und Klagen allein, aber wenn es zugelassen und gefördert wird, dann wird daraus auch wieder, ganz von selbst, das helfende Gespräch. Er darf sich fallen lassen. Das ist leicht gesagt, denn er fürchtet abzustürzen. Der verlässliche Begleiter stärkt sein Vertrauen, dass ihm nichts zustoßen wird. Er ist ihm darin Zeuge Gottes, der ihn auch bedingungslos annimmt, wie er ist und wie er sich gibt, mit aller Klage, allem Schmerz. Erst wenn der Trauernde loslässt, kann er erfahren, getragen zu sein. Und diese Erfahrung braucht er, damit letztendlich Dankbarkeit die Oberhand gewinnt und er den Verlust akzeptieren kann.

Ihm zuzuhören heißt vor allem: ihn in seinem Fühlen und Denken ernst zu nehmen und ihn selbst zum Reden zu bewegen über das, was ihn wirklich bewegt. Auch dort, wo er selbst tapfer abwinkt und mit einem Lächeln seinen Schmerz überdeckt. Auch dort, wo wir selbst versucht sind, abzulenken, weil uns das schwer Erträgliche lästig wird. Nichts ist jetzt so wichtig für ihn, wie den Verlust immer wieder anzuschauen, darüber zu sprechen, dem Schmerz und der Wut nicht auszuweichen, die Gefühle zuzulassen, ihnen Ausdruck zu geben. Erinnern wir uns: Eine der wesentlichen Traueraufgaben ist die realistische Wahrnehmung und Anerkennung des Verlusts. Durch das immer wieder neue emotionale Erinnern verarbeitet er: Idealistische und negativistische Zerrbilder der Vergangenheit gesunden durch die wahrgenommene Wirklichkeit. Sehr viel schlechte Seelsorge entsteht aus der heimlichen Weigerung des Helfers, die Not des anderen wirklich an sich heranzulassen. Einem Trauernden ist dadurch nicht geholfen. Der Trauerexperte Waldemar Pisarski hat recht: »Es gibt keine Heilung, die am Schmerz vorbeigeht, es gibt keine Versöhnung, wenn die Trauerarbeit vermieden wird. Trost gibt es nur durch die Trauer hindurch, so wie es Ostern nur durch den Karfreitag hindurch gibt und Auferstehung nur durch den Tod hindurch.«[111]

Trauernde Kinder begleiten

Erwachsene reagieren auf die Trauer von Kindern oft mit großer Hilflosigkeit. Viele Vorurteile kursieren darüber, wie man sich Kindern gegenüber zu verhalten habe, wenn es um Sterben und Tod geht. Kinder fühlen sich extrem unverstanden und alleingelassen;[112] gut gemeinte »Hilfen« belasten und verwirren sie. Drei Mythen darüber, was angesichts von Sterben, Tod und Trauer Kindern zuzumuten sei und was nicht, seien im Folgenden genannt:

Mythos	Entgegnung
»Man soll Kinder mit diesen Themen nicht konfrontieren – das überfordert sie und sie interessieren sich nicht dafür. Darum muss man sie auch mit genauen Informationen verschonen.«	Wenn Kinder merken, dass Erwachsene unwahrhaftig mit diesen Themen umgehen, stellen sie sich darauf ein und ziehen sich zurück. Sie spielen mit. Aber sie sind trotzdem sehr damit beschäftigt. Vorenthaltene und falsche Informationen verwirren sie.

»Kinder kommen leichter über den Verlust naher Angehöriger hinweg als Erwachsene und vergessen die Verstorbenen schnell.«	Kinder sind persönlich vom Tod naher Angehöriger genauso betroffen wie Erwachsene und sie erinnern sich gern und intensiv an sie. Sie können noch nach vielen Jahren sehr unter den Folgen des Verlusts leiden.
»Kinder können gar nicht trauern oder sie trauern jedenfalls ganz anders als Erwachsene.«	Die Trauer von Kindern hat trotz gewisser Verhaltens- und Verständnisunterschiede durchaus viel Ähnlichkeit mit der Trauer von Erwachsenen.

»Als Philipp erklärt wurde ›Oma ist eingeschlafen‹, glaubte er, sie wollte nur ausschlafen, und versuchte, ihr Grab auf dem Friedhof auszuschaufeln. Seitdem fürchtet er, morgens selbst nicht mehr aufzuwachen. ›Mein Onkel Hans ist gefallen im Krieg‹, sagt Jeannette. Lange glaubte sie, wenn sie hinfalle, würde sie ebenso sterben. ›Meinen Opa hat der liebe Gott zu sich geholt‹, berichtet Paul. Kein Wunder, dass er von Gott nichts mehr hält. ›Tante Liesl ist von uns gegangen‹, wurde Peter erklärt. Immer wieder fragt er: ›Wann kommt Tante Liesl zurück?‹«[113]

Solange das Weltbild von Kindern im Vorschulalter noch magisch ist, können sie mit einem abstrakten Begriff von der Endgültigkeit des Todes nichts anfangen. Begleiter dürfen sie damit nicht überfordern, andererseits müssen sie sich aber auch davor hüten, im Bemühen, den Tod mit Begriffen aus der kindlichen Vorstellung zu beschreiben, die Fantasie der Kinder in eine ungünstige Richtung zu leiten. Wenn sie zum Beispiel erklären, der Opa sei »eingeschlafen«, nehmen Kinder das in diesem Alter wörtlich.

Teil III:
Ich bin den Trauerweg gegangen

Cornelia Gorenflo

Ich danke all unseren treuen Freunden, die wie Laternen hell an unserem Trauerweg geleuchtet haben.
Ich danke besonders unseren Kindern Sebastian, Sophia, Philipp, Johannes und Tilman, die mich wieder ins Leben hineingelockt haben.
Ich danke all meinen Verwandten, besonders meiner lieben Mutter, die immer Tag und Nacht für uns da waren.
Und ich danke besonders Bianka und Herrn Willberg, die mir Mut gemacht haben, Worte für meine Traurigkeit zu finden.

»Hirtenmantel« von Sebastian Gorenflo

Ich gehe den dunklen Weg

Was Gott zusammengefügt hat

Nicht wir haben uns geschieden!
Du
Unbarmherziger,
Gnadenloser,
Gewalttätiger,
Hast uns geschieden;
Grausam auseinandergerissen,
Was du einst zusammengefügt
Durch das Band der Liebe.

Gerhard Heilmann

3. Mai 2004

Nun sind wir beide in der Klinik: Du, Bernd, fast 50 Jahre, ich, Conny, 46 Jahre, ohne unsere fünf Kinder. Der wachsende Tumor macht dir das Atmen immer schwerer. Immer wieder Eingriffe, um dir wenigstens das Atmen zu erleichtern. Wir sind in deiner Klinik, in der du selbst jahrelang gearbeitet hast. Jetzt bist du als Gast hier. Wir teilen uns das kleine Zimmer. Noch einmal viel Nähe und Zweisamkeit Tag und Nacht. Wie eine kleine Insel mitten im Klinikalltag. Unterbrochen von Besuchen und Arztvisiten leben wir noch ein letztes Mal *du* und *ich*.

Ich würde dich gerne mit nach Hause nehmen, in unser Haus, mit den Kindern gemeinsam den letzten Weg gehen. Aber du wehrst entschieden ab. Du bestimmst, was du möchtest. Aus Liebe zu den Kindern willst du das Wohnzimmer nicht zum Sterbezimmer machen. Ich spüre deine große Liebe und Verantwortung, die hinter diesem letzten Wunsch stehen. Wie ein roter Faden, der dein Leben mit uns schon immer durchzogen hat. Ich akzeptiere diesen Wunsch und lerne von dir.

Diese Zweisamkeit in der Klinik ohne die Anrufe, das Türklingeln daheim, ohne Hausaufgaben und Essenzubereiten, eine ganz besondere Situation. Noch einmal nur wir beide, *du* und *ich*.

Die Kinder daheim sind gut aufgehoben, unsere Nachbarn, Goldstücke auf dieser Erde, haben Essen auf Rädern organisiert. Und sie sind gegenseitig für sich da, wie immer in Zeiten, in denen wir beide in Kliniken und bei Ärzten unterwegs waren, die letzten Jahre. Und die Verwandten sind da, starke Säulen, wenn alles wankt. Eine besondere Schweißnaht hat sie auf diese Art zusammengeschweißt, die Geschwister. Ich kann sie loslassen und bin ganz frei für dich.

Deine Schmerzen bekommt das Personal gut in den Griff; welch eine Lebensqualität im Gegensatz zu den Wochen voller Schmerzen vorher! Die Schwestern und Ärzte tragen dich auf Händen. Wie lassen sie dir alle noch einmal alle erdenkliche Liebe angedeihen. Welch eine Geborgenheit inmitten eines Klinikalltags. Es ist, als ob alles, was du in all den Jahren hier an Fürsorge und Liebe an deine Patienten verschenkt hast, hundertfältig zurückkehrt. Welch ein Geschenk!

Mitten in der Nacht wachst du auf. Ich spüre deine Angst. Es ist dunkel in deiner Seele, Auflehnung: Warum *ich*, warum darf ich nicht leben? Warum muss ich so viel halb fertiges Leben zurücklassen, so viele Pläne, so viele Menschen, die mich lieb haben, die mich brauchen? Ich höre diese Fragen hinter deinen ungesagten Worten. Ich muss jetzt stark sein, obwohl ich fast zerbreche. Ich habe keine Antworten, werde wohl nie welche haben. Ich weiß: Jetzt ist Halt nicht mehr in mir selbst. Ich bete laut den Psalm 23. Du wirst sichtbar ruhiger. Beim Vers »Und ob ich schon wanderte im finstern Tal« (Vers 4; L) sprichst du plötzlich leise mit. Die letzten Verse sprechen wir gemeinsam, immer abwechselnd, unabgesprochen, Vers um Vers. Das Ende »und ich werde bleiben im Hause des Herrn immerdar« (Vers 6; L) sagen wir beide zusammen. Unabgesprochen, einfach so. Es ist wie eine Art Schlussakkord einer schweren Sinfonie. Die Töne schwingen fast noch im Raum. Ein heiliger Moment mitten in der Nacht.

Stille. Ich frage dich – zwei Monate vor unserer Silberhochzeit: »Mein Schatz, würdest du mich eigentlich noch einmal heiraten?« Du zögerst keine Sekunde und antwortest mit fester, klarer Stimme, wie du sie seit Langem nicht mehr hattest: »Ja, mein Schatz!« Dann dämmerst du wieder weg in deinen Vor-Todes-Dämmerschlaf. Die starken Schmerzmittel lassen dich viel schlafen. Ich bin glücklich wie schon lange nicht mehr, mein Bräutigam hat sich für mich entschieden, noch einmal nach so vielen Jahren. »Bis dass der Tod uns scheidet« kommt mir leise in den Sinn. Ich halte deine Hand und will jetzt dem Glück Raum geben und nicht dem Schmerz, den diese Liebe fordern wird. Ich will ihn auskosten, diesen heiligen glückvollen Moment, und nicht an das Morgen denken, an das graue, das leidvolle Morgen. Ich genieße deine Wärme, deinen Atem, der ruhig und gleichmäßig ist. Als ob ich alles in mir speichern wollte für lange, einsame Zeiten. Wie eine warme Decke legt sich ein tiefer Friede über uns beide, mitten in einem Sterbezimmer, umgeben von vielen anderen Zimmern voller Leiden und Schmerzen.

Der nächste Morgen zieht auf, ein warmes Licht grüßt uns, du bist nochmals hellwach.

Plötzlich frage ich dich noch einmal, als wollte ich deine Antwort der letzten Nacht nochmals hören: »Würdest du mich noch einmal heiraten?« Fast ärgerlich sagst du: »Das hast du mich doch heute Nacht schon einmal gefragt!« Das soll mir genügen, das ist wie ein doppelter Beschluss, mein Silberhochzeits-Ja. »Brauchen Silberhochzeitsbräute das doppelte Ja?«, denke ich im Stillen. Ich ahne noch nicht, dass wir dieses lang ersehnte Fest an zwei verschiedenen Orten feiern werden, *du* und *ich*.

Den Tag über dämmerst du mehr, als dass du wach bist. Ein Arzt klärt mich auf über deinen Zustand, ich begreife erst jetzt, wie die Zeit kostbar werden wird, wie sie uns davonläuft. Ich will es nicht wahrhaben. Das Klinikpersonal, enge Vertraute, Gefährten, die mich an der Hand nehmen: Welch große Wertschätzung, welche Liebe, sie kommen alle vorbei, es tut so unendlich gut.

Nachts wachst du wieder auf und sagst plötzlich, dass du morgen Abendmahl feiern willst. Ich spüre die Dringlichkeit und rufe am Morgen meine Schwägerin an, sie verständigt Freunde und Verwandte. Am Abend kommen sie alle. Eine Rose, Brot und Wein, viele Menschen füllen den kleinen Raum, unsere Oase. Draußen verabschiedet sich der Tag, mit dem Versprechen, morgen wiederzukommen. Frühling hängt in der Luft, Vogelgezwitscher von Ferne. Und hier drinnen verabschiedet sich ein Menschenleben, ohne das Versprechen wiederzukommen, denkt mein Herz leise und ahnt den Schmerz. Ein guter Freund hält das Abendmahl. Wir singen »Von guten Mächten wunderbar geborgen«, das Lied Bonhoeffers, selbst ein Zeuge des Leides. Segensworte von Freunden, manche weinen. Unsere Kinder scheinen zu begreifen, wie ernst die Lage ist, sie weinen und ahnen, dass dieser Weg nicht mehr zu ändern ist.

Du, ihr Papa, wirst sie verlassen. Der Papa, der verknotete Drachenschnüre gelöst hat. Der sie mit Eselsgeduld die steilsten Berge in Norwegen hinaufgetragen hat, ihr Kuschelpapa, ihr Geschichten-Vorlese-Papa, er wird gehen und sie einfach halb fertig zurücklassen. Sie weinen hemmungslos und jeder weiß, dass es erst einmal keinen Ersatz geben wird für diesen Verlust.

Alle sind sie da in diesem kleinen, engen Raum, einige stehen, einige sitzen auf dem Boden. Alle sind da, die dir lieb und wichtig sind auf dieser

Erde; jung und alt, verbunden in der Liebe zu dir, Lastenträger, Teiler der Freude über lange Jahre. Meine alte Mutter wollte dabei sein, wie gerne wäre sie an deiner Stelle gegangen, sagte sie mir liebevoll hinterher immer wieder. Wie schwer ist es für die Alten, die Jungen vor ihnen gehen zu sehen – verkehrte Reihenfolge! Und jetzt sind sie alle da, um sich von dir zu verabschieden, dir zu zeigen: Wir lassen dich nicht allein auf der letzten Wegstrecke und wir lassen die nicht allein, die du zurücklassen musst. Wir werden für die sorgen, die du nicht mehr versorgen kannst, das versprechen wir dir, der du gehen musst.

Kurz vor dem Abendmahl sagst du ganz leise in mein Ohr: »Glaubst du jetzt noch an eine Spontanheilung?« Das ist eine Art Galgenhumor, eine Art, um bereits die Absurdität der Situation zu karikieren. Ein Humor, der deiner Art entspricht und der mich manchmal irritiert, den ich aber auch gerade an dir liebe. Am Ende des Abendmahls sagst du laut hörbar für alle: »Danke, dass ihr alle da wart.« Das ist dein letztes Erdenwort und gilt uns allen. Es ist wie ein großer Dank über deinem Leben, eine Art Bilanz des Dankes. Ein Dank für alle Hoffnungsjahre, alle lebensfrohen Jahre, alle Feste, alles Lachen, alle Gespräche, alles Mittragen in schweren Zeiten. Dein Dank gilt uns allen, keiner steht da in der zweiten Reihe, jeder ist ganz dicht dran an deinem Dank.

Den letzten Tag verbringst du fast nur im Schlaf. Wenn du wach bist, sprichst du nicht mehr.

Seltsam, als ob dein Mund wie mit einem Reißverschluss zugemacht ist, wie es unser Ältester später einmal auf einem seiner Trauerbilder malen wird. Jahrelang war Sprache und Kommunikation einer der wichtigsten Bausteine unserer Beziehung. Und jetzt gilt es, ohne den guten Klang deiner Stimme und ohne deine Worte zu kommunizieren. Fast wie eine Art Einbahnstraße der Sprache, oder eine Verlagerung auf die nonverbale Kommunikation. Es bleiben aber deine Gesten, deine sprechenden Augen, die Sprache deiner Hände, die immer noch kraftvoll sind.

Den letzten Tag verbringe ich eng an dich gekuschelt. Als ob ich noch einmal all deine Wärme in mich aufsaugen und speichern wollte. Und dir noch einmal alle meine Wärme schenken als eine Art Proviant für die letzte Wegstrecke, für den beschwerlichen Weg durch das dunkle, kalte Tal des Todes.

Die Kinder kommen nochmals am Nachmittag. Sie spüren auch ohne Worte, dass der Abschied nicht mehr weit ist. Jeder verabschiedet sich auf seine Weise von dir, sie flüstern dir Worte ins Ohr, die ich nie erfahren werde. Ein letztes Geheimnis mit dem Papa allein. Versenkt in das Schatzkästlein der Erinnerungen. Leise in der Ahnung des Unabänderlichen fahren sie nach Hause zurück. Gönnen sie uns ein letztes Glück der Zweisamkeit des Silberhochzeitspaares anderer Art, oder haben sie einfach Angst vor dem, was auf uns alle zurollt wie eine riesige Welle? Ich weiß es nicht. Ich bin so hilflos ihnen gegenüber. Ich segne sie im Stillen und hülle sie ein in den Mantel, der wärmer ist als alle menschliche Nähe es je sein kann.

Als sie gehen, zerreißt es mir fast das Herz.

Die letzten Freunde und Verwandten kommen vorbei. Lieder an deinem Krankenbett, Segensworte für dich und uns, gute Worte aus einer anderen Welt, die kein Leid und keine Krankenzimmer mehr kennt. Worte aus der neuen Welt, der Heimat, die auf dich wartet. Hörst du sie noch? Bist du bereits mit einem Fuß in dieser neuen Welt?

Die letzten Verwandten und Freunde gehen. Sie waren dabei bis zum »Gartenzaun der Ewigkeit«, wie ein Freund das später nennen wird. Jetzt sind nur noch deine Schwester Anneliese und ich da. Sie hat auch vor drei Jahren ihren Mann verloren, auch durch Krebs. Seltsame Wiederholung der Geschichte. Eine »Emmaus-Schwester besonderer Art« werde ich sie später nennen. Sie kennt das Todesschattental, sie hat es schon einmal durchschritten. Das gibt mir Sicherheit und ein klein wenig Ruhe vor der Ungewissheit des Kommenden.

Ich habe Angst und ich will dich nicht hergeben. Ich bin bereit, dich jahrelang zu pflegen, wenn du nur dableibst. Du darfst mir nicht genommen werden. In mir ist alles wund. Ich schreie innerlich, aber keinen scheint das zu interessieren. Gott, wo bist du?

Als Anneliese sich im Bad für die Nacht fertig macht, flüstere ich dir ganz leise zu: »Mein Schatz, jetzt sind nur noch wir beide im Raum, du und ich.« Dein Atem verändert sich. Er wird immer flacher. Ganz ruhig hauchst du. Dein Mund ist leicht geöffnet, Speichel fließt heraus. Plötzlich sehe ich darin einen Krumen Brot, vom Abendmahlsbrot vor zwei Tagen. Wegzehrung für die letzte Strecke – jetzt brauchst du es nicht mehr. Bald wirst du das neue Brot essen, das unvergängliche, das himmlische Manna. Ich ahne, dass es zu Ende geht. Als hättest du dir das so ausgedacht, dass am Ende wir beide allein im Raum sind, ein letzter Akt der Liebe.

Anneliese kommt aus dem Bad. Du hauchst dein Leben aus. Ganz leise. Als dein letzter Atemzug vorüber ist, breitet sich eine fast hörbare Stille aus. Es ist, als ob der Himmel die Erde berührt, als ob eine andere Macht in diesem Raum Einzug hält. Eine Macht, die ich noch nie in meinem ganzen bisherigen Leben so greifbar gespürt habe, eine heilige Macht, eine gute Macht, eine Lebensmacht, keine Todesmacht. Als ob wir für einen kurzen Moment hinübersehen dürfen, als ob sich der Vorhang kurz hebt und wir hineinschauen dürfen in deine neue Welt. Es ist, als ob uns etwas verbietet zu weinen und dem Schmerz Raum zu geben. Ich habe so etwas bis heute noch nie gespürt. Ein heiliger Boden, dem alle Traurigkeit in diesem einen Moment fremd zu sein scheint. Hat uns Gott selbst in diesem Augenblick etwas von seiner Schöpfermacht spüren lassen?

Ich weiß nicht, wie lange wir neben dir gesessen haben, wie lange ich deine Hand immer noch hielt. Wie lange ich mir dein Gesicht angesehen habe, damit ich es nie mehr vergesse. Als ob ich mir jede Falte einprägen wollte. Um die Augen herum entdecke ich Lachfältchen, als ob du etwas Wunderbares gesehen hast. Die Schwester und der Arzt bescheinigen deinen Tod. Die Schwester sagt: »Jetzt hat er es geschafft.« Mir kommt der Ausdruck vor, als würde sie von einer Geburt sprechen und nicht von einem Tod. Ist es vielleicht so?

Man lässt uns alle Zeit, die wir brauchen. Irgendwann steht Anneliese auf, nimmt mich an der Hand. Nicht du wirst aus dem Raum hinausgeschoben, wir selbst gehen. Eine letzte Zärtlichkeit, ein letzter Kuss auf deine noch warmen Lippen, ein letztes »Ich liebe dich.« Ich will dir alle meine Liebe mitgeben, wir werden uns vielleicht lange nicht mehr sehen.

Auf dem Totenschein steht 8. Mai. Erst viel später merke ich, dass du dir für deinen Todestag ein historisches Datum ausgesucht hast: Kriegsende – Kapitulation, das Ende einer Tyrannei. Triumph der Siegermächte.

Auch bei uns ist eine Art Krieg zu Ende. Die Tyrannenmächte der Krankheit scheinen gewonnen zu haben, oder ist es umgekehrt: Haben die Lebensmächte doch gewonnen?

Wir haben die Waffen gestreckt. Wir haben den guten und schweren Kampf gegen diese Krankheit mit großer Energie und fast grenzenloser Tapferkeit gekämpft, jahrelang. Aber wie es jetzt fast scheint, bestand die größte Tapferkeit darin, nicht mehr Widerstand zu leisten. Zu akzeptieren, dass der Kampf jetzt vorbei ist. Ausgestanden. Ich ergebe mich.

Ich lasse geschehen, was geschehen muss.

Wie sehr haben wir auf ein Wunder gehofft, all die Jahre. »Mama, warum hat Gott Papa nicht geheilt. Viele haben doch für uns gebetet?«, fragte mich einmal meine Tochter mit großen Augen. »Ich weiß es nicht, mein Kind. Ich habe keine Antwort. Vielleicht werden wir nie eine bekommen.« Viel später schreibe ich in mein Tagebuch: »Vielleicht ist es das größere Wunder, dass Gott unseren sterblichen Leib in einen ewigen verwandelt, den kranken in einen gesunden Leib.« Aber solche Worte wären noch viel zu groß für den Zustand unserer Seelen in dieser Stunde.

Mitten in der Nacht kommen wir heim. Die Kinder schlafen. Ich lege mich ins Bett zu meiner Tochter. Wir sind die ganze Nacht eng aneinandergekuschelt. Ich brauche nicht viele Worte sagen; ein stummes Weinen wiegt uns in den Schlaf. Am Morgen sage ich es den Jungen. Wie kann ich Worte für das Unfassbare finden? Den ersten Tag verbringen wir alle zusammen auf unserem großen Ecksofa. Da fließen pausenlos die Tränen. Einer weint immer, einer hält immer irgendeinen anderen fest, ein Knäuel von Elend.

Unten im Keller übernachten für drei Tage junge Menschen, sie sind auf einem Jugendkongress in der nahen Stadt. Bernd wollte nicht, dass ich sie auslade. Das sagte er, als er noch hier auf dieser Erde war. Er will es auch nicht jetzt, wo er nicht mehr unter uns ist. Das ist eine Art Vermächtnis an uns: Leben, so wie es immer bei uns war, auch im Angesicht des Todes. Es gilt, die Balance zwischen Trauer und Funktionieren auszuhalten. Leben und Tod, Wand an Wand. Ich ahne bereits da, dass so unser Trauerweg sein wird. Lachen und Weinen ganz nah beieinander. »Des Lebens Ruf an uns wird niemals enden«, sagt Hermann Hesse in einem meiner Lieblingsgedichte »Stufen«.

Wir sind kein stilles Trauerhaus. Menschen kommen und gehen, lassen uns nicht allein. Wie immer eben. Wir werden mit Kuchen überschwemmt, eine Art Sprache der Liebe, wenn Worte überflüssig sind. Aber keiner von uns hat Hunger. Doch so ist wenigstens Kuchen da für die Gäste und Vorbeikommenden. Es wird geweint in unserem Haus, geklagt, andere weinen und klagen mit uns und wir tun es allein. Mir kommt das Bild der Klageweiber im Orient in den Sinn. Wir trauern laut und leise.

Wo bist du hingegangen?
Fühlst du unseren Schmerz?
Fühlst du eigenen Schmerz?
Fehlen wir dir auch?[114]

Fragen, die erst dann beantwortet werden, wenn ich selbst einmal an diesem großen Tor stehen werde, an dem, wie Exupéry sagt, alles Fragen in das Schauen übergehen wird.[115]

13. Mai 2004

Der Tag deiner Beerdigung ist da. Ich will ihn ganz wach erleben. Meine Ärztin, die auch dich jahrelang wunderbar umsorgt hat, will mir ein Beruhigungsmittel verschreiben. Ich lehne es ab. Es soll dein Tag sein. Ich möchte ihn bewusst gestalten. Ich kaufe mir eine weiße Jacke und will damit gegen das Todesschwarz demonstrieren. Ich bin unsagbar traurig, aber ich habe in deinem Sterbezimmer die Lebensmacht so deutlich gespürt, dass ich der Todesmacht etwas dagegenhalten will. Bewusst. Auch die Kinder ziehen sich farbig an, rote Lieblingspullis gegen die Schutzlosigkeit der Seele.

Am Morgen sitze ich an unserem Teich, unserem Platz der Zweisamkeit, der vielen Gespräche. Ich weiß, wenn ich hier zu sitzen vermag, werde ich auch den Tag durchstehen. Hier bist du so nah. Du liegst nicht da drüben in der kalten Friedhofskapelle, kommt mir in den Sinn.

Heute wären wir losgeflogen zu unserer geplanten Silberhochzeitsreise. Wir hatten Urlaub auf einer Trauminsel im Atoll der Malediven gebucht. Jetzt hast du die Reise in dein Paradies ohne mich angetreten.

Ich bete, so wie ich es halt vermag, es sind nur wenige Worte: »Gott, lass uns das heute durchstehen.« In deinem Garten, deinem Zaubergarten, sammle ich die letzten Vergissmeinnicht, die ersten Rosen.

Ganz allein verbringen wir die letzten Stunden. Ich sitze neben dir an deinem Sarg.

Die Männer vom Beerdigungsinstitut spüren, dass ich Zeit mit dir brauche, und lassen uns ungestört. Es tauchen viele Bilder unserer gemeinsamen Jahre auf. Unsere Freundschaft und die Ehejahre, Glück und Spannung, Neugier und Überraschung. Unsere langen Familienjahre, unsere goldenen Momente mit den Kindern, unsere Urlaube, unsere Hell- und Dunkelstunden.

Wie ein Film läuft vieles in mir ab. Ich spreche mit dir, ich bedanke mich für den Reichtum der geteilten Zeit. Ich sehe dich lange an durch den Tränenschleier meiner Augen, als wollte ich dein Bild für immer in meine Seele einbrennen.

Wieder entdecke ich die Lachfalten um deine Augen und bin mir sicher, dass sie noch von dem Wunder sprechen, das sie zuletzt gesehen haben. Mysterium der Verwandlung, fast greifbar. Ich streichle noch einmal deinen kalten, toten Körper. Ich küsse dich ein letztes Mal auf deine kalten Lippen. »Auf Wiedersehen, mein Schatz, bis zum ersten, warmen Kuss, bis wir uns wiedersehen.«

Ich lege dir ein Holzkreuz auf deine Hände, auf die Hände, die mir, die uns allen so viel bedeutet haben in diesen Erdenjahren. Gute, starke Hände, Streichelhände, Arbeitshände. Nun liegen sie ganz still und halten nur noch das Kreuz. Das ist es, was bleibt, kommt mir in den Sinn: das Kreuz. Wenn ich alles andere, alles Sichtbare loslassen muss. Der Sarg wird geschlossen. Ich muss dich weggeben. Nie mehr dich sehen auf dieser Erde, nie mehr dich berühren dürfen. Ich kann es mir nicht vorstellen, wie das sein wird.

Den Sargdeckel bedeckt ein selbst gezimmertes Birkenkreuz, weiße Rosen, Heckenrosen, Efeu und Wurzeln. Die Gärtnersleute haben mit viel Einfühlungsvermögen deinen Charakter nachempfunden. Da ist Schlichtheit und Echtheit, Natürlichkeit. So war dein Wesen, nichts war daran gekünstelt. Ein zauberhaftes Gesteck, bemerke ich trotz aller Traurigkeit; es tut mir unendlich gut, weil es dich so widerspiegelt.

Am Nachmittag der Beerdigung kommen viele Menschen. Freunde der Kinder, Kollegen, das halbe Dorf, selbst der Taxifahrer aus Pakistan, der dich immer zur Chemotherapie fuhr, ist da. Ein Freund, unser Trauzeuge, hält unter großer Kraftanstrengung die Trauerfeier.

Wir singen »In dir ist Freude in allem Leide«. Wie hast du ihn geliebt, diesen Choral. Er spricht von der Freude trotz der eigenen Traurigkeit, von der Wirklichkeit, die es gibt, trotz meiner Lebensumstände, vom unverlierbaren Grund der Freude.

Ich bin hellwach, wie ich es mir gewünscht habe, ich sauge die Worte, die gesagt werden, wie ein Schwamm in mich auf. Welch eine Fülle guter Worte. Christian spricht von der Auferstehung, dem Grund unserer Hoffnung. Wir haben es besprochen beim Vorgespräch, wie wichtig uns dieser Akzent ist. Noch verstehen wir sie nicht, diese Worte, noch haben sie keine Wirkung für uns, aber wir glauben sie. Wir lassen sie uns nicht rauben, die Hoffnungen, sagt es trotzig in mir. Heute soll nicht der Tod den Triumph haben, sondern das Leben. Wie gut tun uns die Worte deiner Kollegen, wie haben sie dich geschätzt und geliebt.

Als die Posaunen einen Choral spielen, stupst mich mein Jüngster an. Ganz leise flüstert er mir ins Ohr: »Mama, sieh mal nach oben!« Ich schaue hoch zur Glasöffnung der kegelförmigen Friedhofskapelle. Ganz oben zieht um das Rund ein Raubvogel seine langsamen Kreise. Mir fällt eines deiner Lieblingslieder von Frieder Gutscher ein: »Wie ein Adler möchte ich fliegen, mich erheben über die Zeit.«[116] Wie oft hast du es gesummt in engen Krankenzimmern und von der Freiheit, vom weiten Raum der Ewigkeit geträumt. Und jetzt ist es wohl so weit, denke ich still. Ein starkes Symbol, das ich gut verstehe in diesem Moment. Ich ahne noch nicht, dass dies nicht das letzte Symbol bleiben wird auf dem langen Weg durch die Trauer. Dass die Symbole meine Sprache werden, die Bildersprache, wenn Worte versagen und mich sonst nichts mehr erreicht.

Wie viele Menschen sind da. Wir haben nicht geschrieben »keine Beileidsbekundungen«. Nein, wir lassen die Nähe zu. Wir lassen uns in den

Arm nehmen, wir spüren die Tränen auf den Wangen anderer. So war unser Leben immer und so wird es auch bleiben auf dem Weg durch die Trauer, auf dem langen, einsamen Weg, wo du dich derer erinnerst, die dich umarmt haben.

Wir laden die Trauergemeinde nach der Feier ins Gemeindehaus ein. Früher verwarf ich oft den Gedanken an einen sogenannten »Leichenschmaus«. Heute empfinde ich all die Menschen als wohltuend: Ein starkes Netz, das trägt. Wir haben einen Erinnerungstisch aufgebaut mit Fotos und Basteleien von dir; dein Eisenherz, das du mir geschenkt hast. Wir holen dich mitten hinein in den Raum. Wir erzählen von dir. Freunde und Geschwister haben kleine Reden vorbereitet. Ich selbst zeige Dias von uns, finde Worte dazu und lasse am Ende eines meiner Lieblingslieder »Wie seit Jahr und Tag liebe ich dich doch« von Reinhard Mey einspielen. Ich hätte es dir am Tag unsrer Silberhochzeit vorgespielt.

Ich weiß nicht, wie viel Kraft mir und uns allen an diesem Tag zugewachsen ist. Am Abend komme ich mir vor wie ein Surfer, den es über die Wellen getragen hat. Erst als es ganz still wird, löst sich ein langer, warmer Strom von Tränen und ich meine, dass er niemals enden wird.

Jeder Schritt schmerzt

Frostnacht

Noch eine Frostnacht
Ohne
Deine wärmende Nähe.
Die Eiseskälte macht mich zittern
Und raubt mir den Schlaf.

Sehnsuchtsbilder ziehen an mir vorüber
Wie Traumgesichte
Und lassen Erinnerungen
Wach werden
Und machen die Leere noch leerer.

Leere und Sehnsucht
Ohne Ende,
Ohne Ende,
Guter GOTT.
Lass mich dein Antlitz schauen.
Wiege mich in deinen Armen.
Schenke mir Wärme
Und heilenden Schlaf.

Gerhard Heilmann

Mai 2004

Die nächsten Wochen verbringe ich wie in Trance. Ich habe eigentlich noch nicht begriffen, dass du nicht mehr da bist. Nur die zahlreichen Trauerkarten dokumentieren mir das immer wieder schwarz auf weiß. Ebenso die endlosen Formulare, die dein Tod mit sich bringt.

Wie oft muss ich schreiben: »Bernd Gorenflo, verstorben 8. Mai 2004«. Ist solch eine Bürokratie notwendig, um das Geschehene bewusst zu machen, weil man es oft selbst nicht glauben kann? Ich starre immer wieder ungläubig auf deinen Namen und auf meinen, wenn ich »verwitwet« hinschreibe, welch schreckliches Wort: »verwitwet«. Soll ich stattdessen schreiben »beraubt«, »zwangsverordnet alleinerziehend«, »zurückgelassen«? Ich suche dich überall: auf dem Sofa, wo du die letzten Wochen lagst, unter der Birke; nachts, wenn ich überhaupt schlafen kann, suche ich nach deiner Hand und fasse ins Leere. Nicht mehr? Nie mehr? Aller Trost der vergangenen Tage scheint wie weggespült, wie eine ferne Erinnerung. Die Auferstehungsworte der Beerdigung erscheinen mir so hohl und unglaubwürdig. Nichts trägt mehr. Jeder Schritt schmerzt. Ich spüre nur noch Dunkelheit. Ich klage Gott an, wenn ich überhaupt noch mit ihm rede. Ich bin so enttäuscht von ihm, ich spüre eine grenzenlose Wut auf ihn. Er erscheint mir nicht mehr vertrauenswürdig. Mein Bild vom liebenden Gott zerbricht.

Juni 2004

Die Pfingstferien beginnen. Viele Familien, die uns nahestehen, fahren weg. Sie wollen uns mitnehmen. Ich will nicht. Die Kinder auch nicht. Ich spüre: Jetzt sind wir richtig allein. Jetzt ist da nur noch der Schmerz und der gehört jetzt eine Weile zu uns. Wie ein ungebetener Gast sitzt er Tag und Nacht bei uns. Er sitzt auf unserm Stuhl, er liegt neben uns in der Nacht. Keiner kann ihn uns abnehmen, es ist unser persönlicher Kreuzweg.

Ich ermutige die Kinder, ihre Freunde zu treffen, ihre Musik zu hören. Manchmal gelingt es, aber oft sind wir alle wie gelähmt. Jeder trauert auf seine Weise. Manchmal reden wir darüber. Manchmal tastet jeder von uns sich allein durch das Dunkel.

Vor Jahren waren wir als Familie in einem Blindenlabyrinth. Gemeinsam krabbelten wir alle damals hinein. Aber jeder musste für sich seinen Weg finden. So ähnlich kommt es mir auch auf unserem Trauerweg als Familie vor. Dem einen hilft die Musik, dem anderen Lego spielen, dem dritten die Malerei, ein Sohn räumt einfach lange Papas Werkstatt auf und sortiert sie neu. Ich merke sehr früh, dass in der Trauer jeder seinen eigenen Weg finden muss, jeder selbst am besten spürt, was ihm guttut oder nicht. In sich hineinhorchen, während man sich tastend im Labyrinth voranbewegt – so könnte man Trauerarbeit beschreiben.

Schon sehr bald spüre auch ich, was mir guttut: Worte finden für das Unabänderliche. Worte der Klage finden, Fragen zulassen, Gefühle formulieren. Bilder und Symbole erkennen und deuten. Das wird meine Trauersprache werden.

17. Juni 2004

Ich hatte mich, als du noch lebtest, zu einem Schweißkurs angemeldet. Als ich dir das erzählte, hast du gelacht und du, der begnadete Koch, meintest:»Melde dich doch lieber zu einem Kochkurs an. Aber wenn's dir guttut...«»Wenn's dir guttut« höre ich dich immer noch sagen. Ich muss mich zwingen zu gehen. So wie ich mich eigentlich zu allem zwingen muss. Selbst zu einfachsten Dingen wie Schlafen oder Essen oder mich zurechtmachen.

Das Mich-Zwingen ist Disziplin, um mich nicht selbst zu vergessen, meine elementarsten Bedürfnisse nicht zu vernachlässigen. Und so zwinge ich mich auch zum Schweißkurs, zur angemeldeten Kreativität.

Dem Kursleiter sage ich gleich zu Beginn, dass ich nicht den Anspruch erhebe, Kunst zu machen, sondern dass ich lediglich meine Gefühle einschweißen will. Der Umgang mit dem harten Material tut mir gut. Ich schweiße ein Herz aus einer Eisenkette und lege es auf ein Rostgitter. Ganz unten an den Sockel schweiße ich ein Dreieck hin. Das Herz bekommt unabsichtlich einen Sprung. So wie mein Leben einen tiefen Riss bekommen hat, denke ich. Mein gebrochenes Herz. Das Gitter ist für mich ein Symbol für die vielen Menschen, die uns tragen, uns halten in dieser schweren Zeit. Sie tragen unsere zerbrochenen Herzen. Das Dreieck am Rande unten ist ein Symbol für Gott, den Dreieinigen.

Ganz unten, irgendwie am Rande meines Lebens, weit weg von meiner gefühlten Wirklichkeit ist er da. Ist er da? Ist er wirklich da, in meiner Dunkelheit, in meinem Schmerz? Ich fühle nichts, aber ich will vertrauen. Mein Gott, ich verstehe dich nicht, aber ich will dir vertrauen, dennoch, dennoch.

Die handfeste Arbeit tut mir gut; es ist eine völlig andere Form für meine Gefühle.

Ich stelle mein Herz an unseren Teich. Es sagt für mich mehr als tausend Worte.

21. Juli 2004

Der Tag unserer Silberhochzeit naht. Wie immer gehe ich frühmorgens an dein Grab. Es ist ein besonderer Ort für mich. Dein Körper ruht dort, den ich so sehr geliebt habe, mein Bräutigam. Aber deine Seele und deinen Geist, die weiß ich an einem anderen Ort.

Manchmal suche ich Zeichen von dir zwischen Himmel und Erde. Ich bedecke dein Grab mit vielen, vielen roten Rosen, ich habe sie abgeschnitten und lege die Knospen wie einen Teppich auf dich, ich will all meine Liebe hineinlegen. Zwei langstielige Rosen stecke ich einfach so in die Erde und verbinde sie mit einem dunkelroten Band. *Du – ich, ich – du.* Zwei Wirklichkeiten verbunden durch das Band der Liebe, die niemals zerstört werden kann. Es sieht wunderschön aus. Mir fällt das Gedicht »Rosennacht« von Rilke ein. »Heute will ich dir zuliebe Rosen fühlen …« Ich kann mich lange nicht von dir trennen, unzählige Tränen benetzen die Rosen.

Zu Hause setze ich mich an unseren Teich. Ich halte stille Zwiesprache mit dir. Ich lasse Bilder aus all den Jahren an mir vorbeiziehen. Als besonderes Geschenk für diesen besonderen Tag hole ich mir eine uralte Kassette hervor. Wir haben am Beginn unserer Freundschaft oft auf diese

Art kommuniziert. Statt zu schreiben haben wir Kassetten besprochen, mit eigenen Worten und literarischen Texten oder Liedern.

Ich zittere, als ich deine Stimme höre, unverwechselbar echt, warm und nah, als ob du jetzt zu mir sprichst. Du hast sie mir einmal zu einem Geburtstag besprochen, als du nicht da sein konntest. »Meine geliebte Prinzessin, wie gerne wäre ich heute bei dir. Ich würde dir gerne ein Schloss bauen, das dich beschützt im Leben, vor allem Schlimmen.« Ich kann es kaum glauben, wie treffend die Worte jetzt nach Jahren sind, wie haargenau sie heute passen zu diesem Festtag ohne dich. Und wie sehr ich es nötig habe, dieses Schloss für mein schutzloses, verwundetes Herz. In diesen Worten strömt so viel Liebe aus der Ewigkeit in meine kleine, einsame, kalte Zeit. Mein Bräutigam, ich liebe dich so sehr und ich werde dich immer lieben, bis zum Zusammentreffen meiner Zeit und deiner Ewigkeit.

Mir fällt dein entschlossenes Ja-Wort in der Kliniknacht ein, wo du mir beteuerst hast, dass du mich nochmals heiraten würdest. »Ja, ich will«, sage ich auch dir heute nach so vielen Jahren und ich würde es immer neu sagen: »Ja, ich will«. Erinnerst du dich noch an meinen Kommentar, wenn ich alte Paare auf der Straße Hand in Hand sah? Das ist das Schönste, sagte ich immer, in die Jahre gekommene Liebe, gereifte Frucht. Es war uns nicht vergönnt, gemeinsam alt zu werden. Du wirst immer mein »mittelalterlicher Bräutigam« bleiben. Ich werde dich nie mit Krückstock erleben oder mit schütterem Haar. Meine russische Freundin sagte mir: »Bernd wird immer dein junger Bräutigam bleiben, für immer so in deinem Herzen und in deiner Erinnerung.« Ob mich das tröstet? Bis dass der Tod uns scheidet, ja, einen anderen Grund hätte es nie gegeben, für keinen von uns beiden. Das ist ein starkes Zeichen, eine geglückte Ehe in unserer Gesellschaft. Aber warum muss gerade eine solche Ehe zwangsverordnet geschieden werden? Tausend Gedanken kommen mir in unserem Zwiegespräch, ich rede laut mir dir und habe keine Scheu, dies zu tun.

Am Nachmittag unseres Hochzeitstages laufe ich allein zu unserem See und zu unserem Baum. Wie oft saßen wir in all den Jahren in seinem Schatten, auf seinen Wurzeln, die bis ins Wasser hineinragen. Wir weinten da oft miteinander, hofften und beteten und schwiegen in den Krankheitstagen. Sie kennt fast alle Gefühlstonarten, unsere Weide, helle und dunkle Töne.

Von Weitem erkenne ich eine Veränderung an der Weide. Ich sehe mit Entsetzen, dass ein dicker Ast abgeschnitten wurde. Unser Baum ist wie halbiert, amputiert. Meine Gefühle erstarren angesichts so viel Bildersprache des Lebens, wieder einmal. »Der Baum, unser Baum, dem unser Schicksal widerfährt«, durchzuckt es mich. Als ich näher komme, betrachte ich den Stumpf des abgesägten Astes. Ich brauche nicht viel Fantasie, um klar zu erkennen, dass da die Form eines Herzens entstanden ist, wo einst der Ast war. Ich kann es kaum glauben, aber es ist so. Und es erkennen später viele andere, denen ich den Baum noch zeigen werde.

Grausam zerteilt ist er, unser Baum, aber was zurückbleibt von dem einstigen lebendigen Ast ist das Herz, das Symbol der Liebe. Ich ahne, dass es das ist, was den anderen auch überdauert, seine Liebesspuren, immer fühlbar in meinem weiteren Leben ohne ihn. Ich ahne auch, dass sich meine Trauer immer wieder in Bildern entschlüsseln wird. Ich will empfänglich sein für solche Bilder, feine Antennen haben, um sie wahrzunehmen in meinem Alltag, leise sein und sie nicht überhören und übersehen. Dies ist meine Herzenssprache, die ich immer mehr lernen möchte.

Der Tag unserer Silberhochzeit ist ein besonderer Tag geworden. Viele Freunde und Verwandte kommen vorbei, lassen mich nicht allein. Und ich spüre so viel Liebe von dir und von Menschen, die unser Netz bilden. Ein Meer von Blumen. Es ist nicht nur der Schmerz zu Gast an diesem Tag, nein, auch so viel Dankbarkeit und Liebe. Auch das sind Gäste, die an diesem Tag uneingeladen vorbeischauen.

August 2004

Ein heißer Sommer. Unser See, dein geliebter See, lädt zum Baden ein. Du warst ein Wassermann, mit Schwimmhäuten zwischen den Zehen, sagte ich immer. Die Luft ist heiß, aber ich will nicht an unseren See. Zu viele Erinnerungen, alles trägt deinen Namen. Mir zerreißt es fast mein Herz. Wie soll ich einen Sommer ohne dich leben? Sommer, diese leichte, unbeschwerte Jahreszeit; warum kann jetzt nicht November sein, wenn mein Leben sich doch wie die düstere, dunkle Jahreszeit anfühlt?

Als Kind bin ich einmal barfuß über ein Stoppelfeld gerannt. So fühle ich mich. Jeder Schritt schmerzt, jede Bewegung tut nur weh und ich würde am liebsten ganz aufhören zu gehen, einfach einschlafen und nicht mehr sein müssen.

Ich weine sehr viel. Die Tränen sind wie ein Überlaufventil für meine Seele, sie lösen den Stau der Gedanken und Gefühle. Auch die Kinder weinen viel; es tut oft besser, als viele Worte zu verlieren. Oft höre ich deine Musik, die du geliebt hast, und oft sehe ich mir Bilder unseres Lebens an. Ich setze mich dem Verlust bewusst aus und bleibe beim Schmerz, weil ich fühle, dass es keinen Weg daran vorbei gibt. Erlaube deinem Schmerz zu schmerzen, erlaube deiner Wunde zu bluten, nur dies ist das Richtige auf dem langen Weg durch die Trauer, lese ich immer wieder. Und ich will es auch, ich merke, es ist der einzige Weg, der Kreuzweg, den es jetzt zu gehen gilt. Ich spüre Gott nicht, aber ich will an ihm festhalten, dennoch, dennoch: »Wenn ich auch gleich nichts fühle von deiner Macht, du führst mich doch zum Ziele, auch durch die Nacht«.

Die Kinder sind trotz aller Dunkelheit mein Lebenselixier, sie sind meine »Ins-Leben-Locker«, wie ich sie oft zärtlich nenne. Sie sind mein einziger Grund zu überleben, es noch einmal zu wagen, dieses Leben, dieses so andere ohne dich. Sie sind dein Vermächtnis von dir an mich, deine stille Aufforderung, es nicht wegzuwerfen.

Auch die Kinder wollen nicht an unseren See, und das obwohl sie alle als Wasserratten geboren sind. Auch zum Spielen müssen wir uns oft zwingen, zum Überleben zwingen, wie bei so vielem. Ich kaufe uns einen großen aufblasbaren Pool für unseren Garten. Wir legen uns oft einfach rein oder lassen uns mit der Luftmatratze treiben, einfach tragen lassen vom Wasser, einfach nur da sein, ohne groß zu agieren, das entspricht unserem Seelenzustand. Unser kleines Wasserreich tut uns gut. Da haben wir nicht den Anblick der fröhlich Badenden am See, der scheinbar sorglosen Restmenschheit, sondern da sind einfach wir, unsere kleine Welt, auf der wir scheinbar allein sind. Im Stillen denke ich manchmal, dass ich mit meinen Tränen unseren Pool füllen könnte. Dennoch tut er mir und den Kindern gut. Einmal baden wir sogar abends beim Schein vieler Kerzen, sehen den Sternenhimmel, blicken sehnsüchtig hinauf und spüren dennoch zum ersten Mal, dass es wieder schön ist bei uns, dass wir neue Formen finden müssen, unser Leben zu leben.

In der Sommerzeit haben wir zwei es genossen, auf unserer Terrasse zu sitzen, Zweisamkeit zu leben, mit einem Glas Rotwein in der Hand über Gott und die Welt zu reden. Wie haben wir sie geliebt, die Sommerabende. Ich ertrage es kaum, draußen zu sitzen. Auf den Nachbarterrassen pulsiert das Leben, es wird gegrillt, gelacht. Die Welt dreht sich weiter, als ob nichts geschehen wäre. Nur bei uns hat sie aufgehört, sich zu drehen, unsere Welt scheint mir untergegangen, denke ich oft. Drinnen halte ich es aber auch kaum aus. Ich lehne gut gemeinte Einladungen ab, ich kann einfach nicht über Alltagsdinge sprechen oder lachen, wenn mein Herz ganz woanders ist. Wo soll ich hin? Wo gibt es einen Ort für mich?

Die großen Kinder gehen jetzt oft abends wieder mit Freunden weg; ich ermutige sie, das zu tun. So bin ich häufig mit unsrem Jüngsten allein. Ich will mich dennoch auf die Terrasse setzen. Unser Jüngster liebt genau wie alle Jungs und wie auch du Feuer, Lagerfeuer. Im Baumarkt kaufe ich einen Feuerkorb, wo wir oft Feuer machen. So hat er eine geliebte Beschäftigung und außerdem tut uns beiden das Feuer unendlich gut. Es hat nahezu therapeutische Wirkung. Seine Lebendigkeit setzt ein Gegengewicht zu unserer Erstarrtheit. Ich lese Tilman häufig dabei vor, »Der kleine Prinz« oder »Momo«, oder wir leihen uns Hörspiele aus der Bücherei aus.

Es ist ein bisschen Lagerfeuerromantik, manchmal klimpere ich sogar auf meiner alten Gitarre.

Selbst zu spüren, was einem guttut, das ist ein wichtiger Schlüssel auf dem langen Trauerweg, dies spüre ich immer wieder. Die Einladungen der Freunde ausschlagen dürfen. »Seid mir nicht böse, wenn ich euch abweise, ladet mich immer wieder ein, lockt mich immer wieder heraus, aber respektiert, wenn ich noch nicht so weit bin«, sage ich ihnen immer wieder.

Erst viel später lese ich in einem Trauerbuch von einem Brief an Freunde und Bekannte. Man kann ihn verschicken, um auszudrücken, wie sehr man ihre Versuche wahrnimmt, einem beistehen zu wollen, wie wenig man aber zu der Zeit in der Lage ist, wegzugehen oder zwanglos mit ihnen beisammen zu sein. Wahre Freunde darfst du auch zehnmal zurückweisen und erst beim elften Mal ihre Einladung annehmen, das habe ich mir immer gesagt. Und die meisten haben das auch so verstanden und es nicht als persönliche Zurückweisung erlebt.

Wir als Trauernde sind unberechenbar, manchmal verrückt, weil sich eben alles bei uns verrückt hat. Oft sind wir eine Zumutung für unsere Umwelt. Man weiß oft nicht mit uns umzugehen. Man macht hilflose Versuche, um uns abzulenken, oder man umgeht bewusst zu fragen, wie es uns geht. Man hat Angst vor Gefühlsausbrüchen.

Meine Erfahrung war, dass gerade in der intensivsten Trauerzeit die Menschen aus der Trauergruppe, die therapeutischen Gespräche oder einfach die Gespräche mit den vertrautesten Menschen die entscheidenden waren. Menschen, die uns aushielten, die uns einfach zuhörten oder in den Arm nahmen. Oder einfach mit uns schwiegen. Eine Freundin sagte mir einmal: »Ich kann dir jetzt nur meine Tränen schenken.« Das war mehr, als tausend Tröstungsversuche je vermocht hätten.

Stille Kammer, Ulrike Lautz

»Stille Kammer« von Ulrike Lautz

Ich gehe ganz allein

Unentschieden

Lasst mich allein,
Lasst mir meine Trauer,
Redet sie mir nicht aus!
Bagatellisiert sie nicht vom Tisch!

Sie will mein Bestes, die Trauer!
Sie ist wie warme Muttererde.
Eines Tages
Will
Neues
Aus ihr wachsen.

Gerhard Heilmann

Oktober 2004

Ich nehme wieder meinen Schuldienst auf. Ich gebe nur vier Stunden Religion. Die Trauer verändert meine Art zu unterrichten. Ich werde authentischer, ich habe keine Angst, persönlich zu werden, mir ist es nicht peinlich, wenn ich mal weinen muss. Bei der Unterrichtseinheit »Hiob« merke ich, wie nah mir die Texte sind.

Die Schüler sind sehr einfühlsam. Manchmal meine ich, dass durch den Trauerweg die Sinne geschärft werden, die Empfindsamkeit, anderes Leid wahrzunehmen. Manchmal spüre ich viel schneller, wenn es einem Schüler schlecht geht, und ich traue mich, ihn anzusprechen. Meistens mache ich gute Erfahrungen damit und die Türen öffnen sich. Seltsam, dass man Schweres durchleben muss, um die anderen mit ihrem Schweren besser zu verstehen.

November 2004

Draußen verabschiedet sich das Leben, die Blätter fallen leise und sanft. Und doch ist einer, der dieses Fallen unendlich sanft in seinen Händen hält. Ich kann es manchmal nicht glauben, dass er auch mein Leben immer noch in Händen hält, ich zweifle, ob ihm etwas entglitten ist bei mir. Ich darf zweifeln, ich muss nicht die Getröstete spielen, ich darf vor Gott grundehrlich sein. Das entdecke ich ganz tief auf meinem Weg durch die Trauer.

Der viele Schreibkram, den ein Trauerfall zwangsläufig mit sich bringt, wird weniger. Oft wird gerade die persönliche Trauer von so vielen Formalitäten fast überlagert. Andererseits zwingen die tausend Formulare, das brutale Geschehen immer und immer wieder zu dokumentieren. Als ob man es sonst fast nicht glauben wollte.

Die zahlreiche Trauerpost und die Besuche werden weniger. Eine stille, beschauliche Jahreszeit könnte beginnen. Wie haben wir sie früher geliebt, die kuschelige, gemütliche Jahreszeit. Die gemütlichen Abende vor dem Feuer mit Kerzen und Tee. Aber wie ich den Sommer gefürchtet habe, so fürchte ich mich jetzt vor dem Herbst, dem Alleine-Herbst, dem Trauer-Herbst, dem Einsam-Herbst. Ich spüre wieder starke Todessehnsucht, einfach dir hinterhersterben, so wie einige Tierarten das tun. Oder wenn schon nicht sterben, dann wenigstens die dunkle Jahreszeit verschlafen und dann im Frühjahr aufgeweckt werden von Vogelgesang und Blütenduft und spüren, dass alles ein böser Albtraum war.

Draußen beginnen die Herbststürme, und auch in mir tobt es. Jetzt realisiere ich dein Fehlen glasklar, die ganze Brutalität der Einsamkeit wird mir bewusst. Du bist nicht einfach ein paar Monate weg, auf Seminaren oder so. Nein, du bist für immer weg und du bleibst es für immer!

Ich spüre die riesige Verantwortung für fünf Kinder, für ein Haus mit allem, was dazugehört.

Ich muss so vieles neu lernen, was ich vorher noch nie machen musste. Wie gut hatten wir uns die Rollen geteilt, wie hatte sich das eingespielt all die Jahre. Und jetzt gilt es, neue Rollen zu besetzen, Mutter, Gärtnerin, Managerin, Trösterin, Gesprächspartnerin, Beraterin, Bürofachfrau, Kontoverwalterin, Autospezialistin, Spülmaschinentechnikerin, so viele neue Rollen auf einmal.

Starke Wutgefühle kommen auf. Ich beneide dich, dass du dich um solche Äußerlichkeiten nicht mehr kümmern musst. Als du noch da warst, habe ich meine Rollen oft scheinbar mühelos gemeistert. Da war dein starker Rückhalt, da war deine Liebe, die mir oft Flügel verlieh.

Ich las früher einmal den Begriff vom »emotionalen Tank«. »Wenn der bei einem Menschen gefüllt ist, vermag er Unglaubliches zu leisten.« Das traf auf mich auch zu. Durch deine Liebe und aktive Mithilfe konnte ich jahrelang fast mühelos den Großfamilienbetrieb meistern.

Jetzt fehlt mir zu allem der Antrieb. Jede Steckdose, die nicht funktioniert, wird für mich erst einmal zur Katastrophe. Es ist mir eigentlich auch alles egal, ob es funktioniert oder nicht, in dieser Zeit.

Jetzt kommen auch starke Wutgefühle Gott gegenüber auf. Ich klage ihn an. Er ist nicht mehr vertrauenswürdig für mich, ich bin endlos enttäuscht von ihm. Mir kommt die Geschichte vom barmherzigen Samariter in den Sinn. Gott kommt mir vor wie die Räuber, die Verletzenden in der Geschichte, nicht wie der Barmherzige oder die Herberge. Zum ersten Mal in meinem Leben habe ich solche starken Wutgefühle. Ich traue mich kaum, sie Gott gegenüber zuzulassen. Ich merke, in welchem anständigen

Ton ich Gott bisher begegnet bin all die Jahre. Als die Bittende, als die Dankende, als die Fordernde, aber niemals als die Wütende. Das schien mir im Umgang mit ihm nicht angebracht, außerdem hatte ich ja zuvor keinen triftigen Grund, auf ihn wütend zu sein. Ich hatte eine wunderbare Kindheit und eine wunderbare Familie, einen Job, der mich erfüllte, gute Freunde und Verwandte.

Aber jetzt habe ich zum ersten Mal in meinem Leben allen Grund, wütend zu sein. Ich bin beraubt, verletzt, tief verwundet worden. Er hat mir mein Liebstes genommen. Eine Freundin gab mir eine Geschichte von Adrian Plass, in der er seine Zuhörer auffordert, sie mögen Gott das verzeihen, was er ihnen angetan hat an Schlimmem.[117] Ein sehr ungewöhnlicher Gedanke, aber er trifft genau mein Denken. Und dann fährt er fort, der Leser solle es einem Kind gleichtun, das seinen Vater anschreit: »Ich hasse dich, ich hasse dich«, und auf seine Brust trommeln voller Wut. Aber genau an dieser Brust soll man später, nach dem Wutanfall, auch einschlafen. Das ist wieder ein Bild, das direkt in mein Herz springt. Es gibt mir den Mut, mit Gott in dieser Ehrlichkeit umzugehen. Ihn anzuklagen, ihn anzuschreien. Und dennoch genau auf seinem Schoß mich völlig erschöpft wiederzufinden und dann einzuschlafen auf diesem Schoß. Dies ist auch die heftige Sprache der Psalmen. Dieselbe Ehrlichkeit und Direktheit.

Ich komme in einen völlig neuen Umgang mit meinem Gott. Er gibt mir die Berechtigung »Tacheles mit ihm zu reden«, nichts zu beschönigen, die gesamte Palette meiner Gefühle vor ihm zu leben. Irgendwie begreife ich da zum ersten Mal in meinem Leben, wie sehr ich auch an ihm hänge und dass ich in keiner Situation mehr ohne ihn leben muss.

Ich laufe oft alleine in den Wald und klage ihn laut an, oder beim Autofahren, da schreie ich manchmal laut, wenn mich keiner hört, nur er, mein Gott. Das ist ungeheuer befreiend, dieser neue Umgang mit Gott und meinen Gefühlen. Ich spüre, es tut mir gut, und es löst sich ein Stau der Gefühle.

Ende November. Ich gehe das erste Mal zu einem Vortrag über Trauer. Hier spricht jemand meine Sprache, hier fühle ich mich verstanden. Gleichzeitig merke ich deutlich, ich schaffe ihn nicht alleine, den langen

Weg durch das »Trauerland«, das »Einsamland«. Ich brauche Hilfe, um mich nicht hoffnungslos zu verlieren in diesem Land. Ich brauche Wegbegleiter, die sich auskennen in diesem Land, die mich an der Hand nehmen durch diese Wüste. Ich mache den ersten Termin mit dem Therapeuten aus. Parallel dazu besuche ich ab diesem Zeitpunkt eine Gruppe für Trauernde in unserer Stadt.

Wegbegleiter ist für mich natürlich auch meine Schwägerin, die ihre eigene Geschichte mit ihrem Mann jetzt mit mir nochmals durchlebt. Wie fühle ich mich verstanden von ihr, wie geborgen in ihren Worten. Ich bin so unendlich dankbar für sie, meine Anneliese. Oft brauche ich nicht viele Worte, damit sie versteht, was ich sagen will, welch Geschenk für mich!

Und natürlich meine Kinder, unsere Kinder, ich werde weiterhin unsere Kinder sagen, denn sie werden deine bleiben, für immer. Sie bringen mich wieder zum Lachen, oft unter Tränen. Sie bringen Farbe und Musik und Worte unter meine Trauerdecke. Sie konfrontieren mich mit aktuellen Lebensfragen, zwingen mich immer wieder, mich dem Leben zu stellen. Gerade auch die körperliche Nähe von ihnen tut gut. Wir lassen viele Berührungen zu. Sie schleppen wieder Freunde ins Haus. Sie kochen bei uns Menüs aus aller Welt und ich darf oft selbstverständlich Gast am eigenen Tisch sein. Das hätte dir gefallen, denn du hast ja auch gut und gerne gekocht, mein Gourmetkoch! Die jungen Leute wissen oft gar nicht, wie gut sie mir tun, durch ihr bloßes Dasein in unserm Haus. Es wird wieder ein Lebenshaus, ein Gastgeberhaus, wie es immer war. In einem Gedicht von Ringelnatz heißt es: »Wenn ich tot bin, darfst du gar nicht trauern. Meine Liebe wird mich überdauern und in fremden Kleidern dir begegnen«.[118] Das Gefühl habe ich oft, als wir unser Haus wieder öffnen für andere Menschen. Den Kindern tun die Freunde einen wichtigen Dienst auf dem Weg durch ihre Trauer.

4. Dezember 2004

Meine erste Sitzung beim Therapeuten. Vieles bricht ungeordnet aus mir heraus. Es darf alles sein: Weinen, Fragen, Erzählen und Schweigen. Die

Atmosphäre tut mir sehr gut. Der Therapeut findet den Zugang zu meiner Seele. Die Chemie stimmt. Er ist auch Theologe, das tut mir auch sehr gut. Ich darf auch mit meinem zerbrochenen Gottesbild landen. Ich spreche über die Zeit im Krankenhaus. Mich quälen manchmal Schuldgefühle, warum wir uns nicht noch ehrlicher voneinander verabschiedet haben, über den Tod, über die Zeit danach gesprochen haben. Mein Therapeut hört lange zu, wagt dann aber auch, Fragen zu stellen oder Aussagen zu machen. Zu meinen Selbstvorwürfen sagt er: »Manchmal ist es die höchste Form von Liebe, nicht alles in aller Deutlichkeit zu sagen, das Unzumutbare schweigend zwischen uns stehen zu lassen. Zu wissen, wir verstehen uns auch, ohne alles zu benennen.« Wie entlastend sind solche Worte für mich.

Die Trauergespräche werden zu wichtigen Nischen meiner Trauer. Sie werden für mich zu einem geschützten Ort, wo ich weiß, hier kann ich verlässlich über meine Trauer sprechen. Es hilft mir auch manchmal, meine Traurigkeit in die Schranken zu weisen und ihr zu sagen: Warte ein wenig, bald darfst du den Raum haben, den ich dir zuweise.

Irgendwie scheint sich etwas zu verändern. Ich hatte zum ersten Mal den Eindruck, dass nicht mehr nur die Gefühle mich an der Hand nehmen, oft ungefragt und plötzlich. Sondern jetzt kann ich die Gefühle in die Hand nehmen, kann ihnen sagen: Wartet auf euren Ort beim Gespräch, es kommt eine Nische im Alltag, wo ihr euren festen Platz habt. Das ist eine ganz neue Erfahrung für mich.

Ich erzähle vieles über dich und unser Leben. Unsichtbar sitzt du auf dem zweiten Stuhl, dem leeren neben dem Therapeuten, ich spüre dich ganz nah dabei. Es geht um dich und mich. Ich erzähle über unsere Höhen und Tiefen. Ich muss dich nicht verklären und auf einen Sockel stellen. Ich erzähle von dem Menschen, den ich geliebt habe mit seinen Ecken und Kanten, dem Original, dem Menschen, den Gott sich gedacht hatte.

Ich erzähle, dass ich oft das Gefühl habe, dass ich mich verloren habe. Ich fühle mich manchmal, als ob ich mit dir da unten in der dunklen Erde liege. Meine Persönlichkeit scheint sehr verändert. Früher war ich an deiner Seite eine lebenslustige, starke Frau. Ich finde mich nicht mehr, ich suche mich und weiß nicht wo. Heute fühle ich mich unter Menschen oft schutzlos. Bei Einladungen irgendwie halbiert. Wenn wir früher als Paar eingeladen waren, konnte jeder sich mal aus den Gesprächen ausklinken, sich in den Worten des anderen wiederfinden, sie bestätigen. Heute kommt es mir so vor, als müsste ich immer an vorderster Front stehen. Ich warte auf deine Ergänzung. Ich muss immer präsent sein, das ist so anstrengend. Ja, ich fühle mich als Frontfrau, dieser Ausdruck scheint mir so treffend. Frontkämpferin auch im Alltagsgeschehen, obwohl ich kaum Kraft zum Kämpfen habe.

Ich spreche über dich, wie ich mir das vorstelle, deine neue Welt hinter dem Vorhang. Bonhoeffer schrieb einmal: »Wer begreift die Auswahl derer, die Gott zu früh zu sich nimmt? Beraubt sich da Gott nicht seiner besten Werkzeuge? Braucht Gott etwa unsere Brüder zu irgendeinem verborgenen Dienst für uns in der himmlischen Welt?«[119] Der Gedanke gefällt mir, weil ich mich manchmal so allein in der Verantwortung für die Kinder empfinde.

Fulbert Steffensky sagt: »Wo suche ich meine Toten? Ich kann mir nicht vorstellen, dass unsere Toten unberührt sind vom Schmerz der Welt. Die Liebe lässt sich nicht trennen von den Schmerzen. Sie teilen das Glück Gottes und seinen Schmerz. Mehr muss ich nicht wissen. Gott weiß es und das genügt.«[120] Er nennt ihr Leiden ein Leiden Gottes an der Welt bis an ihr Ende. Auch dieser Gedanke tut mir irgendwie gut. Es tut mir gut, dass ich über solche Fragen in der Therapie auch sprechen kann, denn sie beschäftigen mich oft.

Den Kindern versuche ich auf ihre Weise das Unerklärliche erklärbar zu machen. Wieder verwende ich Bilder und Symbole. In unserem Garten steht eine Birke, unter der du zuletzt gerne gesessen hast mit Blick auf deinen Teich. In ihr Blattwerk hänge ich lauter Glitzersachen, Spiegelchen, Prismen und Glitzerklunker. Wenn die Sonne darauf scheint, gibt es ein Geglitzer auf der Straße, oft in unserem Wohnzimmer, manchmal erscheinen in der Küche lauter kleine Regenbogen. Selbst in der Dunkelheit glitzert es zuweilen noch. Mit diesem Bild möchte ich den Kindern erklären: So könnte Papas neue Welt sein, Glanz der Ewigkeit, Schönheit, Gottes Nähe, seine heilende, in der es keine Krankheiten und Tränen mehr gibt. Aber genau diese Wirklichkeit will sich heute schon in unserer

Wirklichkeit spiegeln. Wir spüren jetzt schon etwas von diesem Glanz der Herrlichkeit auf unserer Erde. Wir leben durch Papas Tod schon ein wenig mehr drüben, »mit einem Bein im Himmel«, las ich einmal.

Fast als wollte Gott dieses Bild verstärken, wache ich eines Nachts auf. Ich schlafe im Zimmer meiner Tochter. Seit deinem Tod habe ich nie mehr in meinem eigenen Bett geschlafen, ich bin immer zwischen den Zimmern der Kinder gewandert. Ich habe eigentlich einen sehr kindlichen, tiefen Schlaf. Aber diese Nacht wache ich schlagartig auf, als ob mich etwas geweckt hätte. Ich sitze senkrecht im Bett und es scheint mir, als ob ein Lichtstrahl auf den Spiegel am Schrank meiner Tochter fällt. Und sofort fällt mir das Wort von Paulus ein: »Wir sehen jetzt durch einen Spiegel … dann aber von Angesicht zu Angesicht« (1. Korinther 13,12; L).

Wer mich kennt, der weiß, dass ich nachts nicht unbedingt präsent oder geistesgegenwärtig bin. Aber in dieser Nacht sitze ich senkrecht im Bett, schlagartig, und habe im selben Moment dieses Wort parat.

Dieses Erlebnis stärkt und ermutigt mich eine lange Zeit, es geht unter die Haut und ich habe das Gefühl, dass da der Himmel direkt zu mir gesprochen hat. Es ist Ermutigung für die kalten, einsamen Nächte ohne deine warmen Hände. Ich rolle mich oft nachts wie ein schutzloses Tier zusammen. Wie vermisse ich dich nachts. Wie haben wir es geliebt, dieses Aneinanderkuscheln oft nach anstrengenden Tagen. Da verschmolzen Seelen und Körper gleichermaßen. Deine zarten Streichelhände, ich stelle sie mir oft vor und erlaube mir manchmal, sie noch zu spüren. Nicht immer, weil sonst der Schmerz unerträglich wird. Aber manchmal, zu ganz besonderen Tagen. Deine Wärme fehlt mir unendlich. Ich dringe in nie geahnte Abgründe der Einsamkeit meines Lebens vor.

Ich falle.
Ich falle.
Ich falle.

Bäume an meinem Weg

Kommt in mein Trauerhaus, Freunde und Freundinnen,
Seid Trauerleute zusammen mit mir.
Lamentiert,
Heult Rotz und Wasser,
Hört mir zu mit großer Geduld
Und habt Mitleid.
Teilt meinen Schmerz.
Teilt mein Tränenbrot.
Erzählt frohe Geschichten von einst.
Trocknet meine Tränen an meinen Augen.
Füllt die leeren Räume
Mit Leben und Lachen,
Mit Freundlichkeit und Licht.
Seid mir sichtbare Zeichen
Unsichtbarer Gnade
Und sichtbarer Liebe.

Gerhard Heilmann

15. Dezember 2004

Die Trauergruppe tut mir gut. Mit vier anderen Frauen unterschiedlichen Alters sitze ich in einem Raum zusammen. Es ist wie eine Art Solidarität der Schutzlosen. Plötzlich wird mir bewusst, dass es mir ja nicht allein so geht, ich blicke das erste Mal wieder richtig über den Tellerrand meines eigenen Schicksals hinaus.

Ich merke, dass auch andere Witwen allabendlich auf die Heimkehr des Geliebten warten. Sie hoffen vergeblich auf das Klingeln des Telefons, um seine Stimme nur mal zwischendurch zu hören: »Hallo, mein Schatz, was macht dein Tag, gelingt er dir?« Wie viele Herzen geraten wie meines in Gefahr zu verhärten und bitter zu werden? Ich ahne plötzlich durch diese Gruppe das Meer von Einsamen, die liebten und jetzt unsäglichen Schmerz erleiden, wie ich, Cornelia Gorenflo. Die Tatsache, dass da bei jedem Gruppenabend fünf Frauen und eine sehr einfühlsame Therapeutin um ein paar Blumen, eine Kerze und um einen Stapel Taschentücher herumsitzen, zeigt mir plötzlich das Netz der Trauernden. Es ist gut, wenn man zu diesem Punkt der Solidarität mit anderen Leidtragenden kommt. Es nimmt nichts von der Tatsache des eigenen Schmerzes. Aber es stellt hinein in ein neues Netz, eine Art Leidensgemeinschaft, eine spürbare Solidarität.

Wir merken sehr schnell: Jede hat ihre eigene Geschichte. Jede hat ihre eigene Art und Weise, wie sie mit der Trauer umgeht. In der Trauer gibt es keine Reihenhäuser oder gar Fertighäuser. Jeder baut sein eigenes Trauerhaus. Jeder weiß, welche Materialien nur er selbst dazu braucht. Jeder bestimmt das Tempo seines Hausbaus selbst. Der eine braucht Spezialisten dazu. Der andere erledigt alles selbst.

Es gibt Tage, wo gar nichts vorangeht, und Tage, wo ein großes Stück gemauert wird. Es gibt Tage, wo Mauern einfallen, wo nur Rückschritte zu verzeichnen sind. Es gibt Tage, wo man Fenster einbaut und Licht in die Räume kommt. Es gibt Tage, wo andere mitbauen, und Tage, wo du selbst mutterseelenallein auf deiner Baustelle bist. Es gibt Ähnlichkeiten in den Grundstrukturen der unterschiedlichen Trauerhäuser, man kann sich Tipps und Vorschläge von anderen einholen, aber bauen musst du dein Trauerhaus selbst. Das erspart dir keiner. Da hilft auch keine Solidarität der »Häuslebauer«. Und dennoch tut mir die Gruppe unendlich gut. Manchmal denke ich, wenn ich uns sitzen sehe, dass wir mutige Heldinnen sind, die sich allesamt trauen, ihre Geschichte anzusehen und sie mitzuteilen.

Die Fotos unserer Lieben stehen meistens in der Mitte, sie sind unsichtbar dabei, die Toten, sie sind im Raum. Hier werden Herzensangelegenheiten preisgegeben. Da ist keine Scheu, darüber zu sprechen, da ist Vertrautheit, keine Schutzlosigkeit wie bei manch anderen Gesprächen mit Außenstehenden. Hier spricht man dieselbe Sprache. Hier gelten andere Spielregeln als draußen. Manchmal braucht es nicht viele Worte, um zu spüren, was die andere fühlt oder denkt oder meint. Hier darf man hemmungslos weinen oder auch mal lachen, wenn es einem danach ist. Die Abende sind ein Mix von allem. Da liegen die Gefühle Wand an Wand, alles ist so nah beieinander.

Wie verlässliche Bäume an meinem Trauerweg werden die Abende für mich. Grüne Bäume, belaubte Bäume. Bäume auf denen sich das Leben wieder regt, die wieder von Vögeln bewohnt werden, die es zulassen, dass der Wind wieder mit ihren Blättern spielt. Ich selbst komme mir manchmal vor wie so ein Baum nach der Winterstarre, der neues Leben in sich spürt.

Unsere Therapeutin gibt uns oft am Ende des Abends Worte mit auf den Weg. Sie werden für mich wie Wegzehrung für die Tage dazwischen, Proviant für den Weg. »Nie mehr werdet ihr euren Gefühlen näher sein als in Zeiten eurer Trauer.« – »Ihr habt schwere Arbeit vor euch, die Trauerarbeit. Lasst den Schmerz seine Arbeit an euch tun. Nur dann gibt es je wieder Heilung für euch.« – »In der Trauer gilt es viele Pakete zu öffnen. Öffnet nicht alle auf einmal. Lasst manche noch verschlossen im Keller. Wartet, bis die Zeit zu öffnen da ist.« Ich sauge solche Worte in mich auf und lasse sie nachhallen in meinem Alltag, in meiner Trauerarbeit.

Wenn wir an den Abenden auseinandergehen, spüren wir unsichtbare Fäden zwischen uns. Spüren die tiefe Verbundenheit mit den Seelen der anderen, mit ihren Geschichten, mit ihren Tränen und ihrer Freude. Ich bin zutiefst dankbar für diese neuen Menschen auf meinem Weg.

20. Dezember 2004

Es ist wieder kurz vor Weihnachten. Das Singen der Adventslieder abends im Bett mit dir fehlt mir dieses Jahr besonders. Es war eine Art Ritus, den wir gepflegt haben in all den Jahren, wir beide, du und ich.

Ich höre oft noch deine schöne Tenorstimme. Ich hole meine alte Querflöte hervor, die du mir vor Jahren geschenkt hast. Ich wurde nie eine Künstlerin darauf, der intensiven Familienjahre wegen kam ich nie dazu, groß Unterricht zu nehmen. Aber für Adventslieder reicht es noch gerade. Ich spiele eines unserer Lieblingslieder von Jochen Klepper. Auch dieser Dichter wusste um schwere Zeiten. Seine Frau war Jüdin und er hat gemeinsam mit ihr Selbstmord begangen aus Angst vor dem Regime der Nazis. Er hat auch Dunkelheit am eigenen Leibe erlebt.

Die Nacht ist vorgedrungen,
Der Tag ist nicht mehr fern.
So sei nun Lob gesungen
Dem hellen Morgenstern!
Auch wer zur Nacht geweinet,
Der stimme froh mit ein,
Der Morgenstern bescheinet
*Auch deine Angst und Pein.**

Diese Worte und die Melodie fallen tief in meine Seele. Worte und Melodien, die zu verlässlichen Bäumen am Weg werden. Das sind keine »Wird-schon-alles-wieder-werden-Worte«, das ist kein billiger Trost. Das sind Überlebensworte, Hoffnungsworte. Es wird über der Nacht deines Leides der Morgenstern aufgehen. Es gibt ein Licht jenseits deiner Dunkelheit, er ist nicht mehr fern, der Tag, die Morgenröte, verlass dich darauf.

Mein Gottesbild hat sich in den Monaten verwandelt. Ich spüre, er ist ein Gott, mit dem ich alle Gefühle leben darf. Er ist ein Gott, der da ist in meiner Nacht. Er kauert sich neben mich hin, er legt seinen Arm um mich. Er hält mit mir aus im Land der Todesschatten. Aber er ist auch das Licht jenseits dieses Todesschattenreiches, der helle Morgenstern, den ich erwarte, der hell leuchtet und es wieder hell machen wird, mein Leben. Der mich diesen Tod überleben lassen wird und mir ein neues Leben aufschließt, wenn die Zeit dazu da sein wird.

In der Adventszeit kommen viele Menschen, die uns wichtig sind, vorbei. Auch das sind solche verlässlichen Bäume am Weg. Ich kann mich absolut auf sie verlassen. Sie sind es nicht leid, immer wieder unsere selben Geschichten zu hören, nachzufragen, wie es uns jetzt geht. Jetzt ist auch Raum für viele Erinnerungen. »Weißt du noch, wie mir Bernd damals beim Examen geholfen hat und wie wir noch den Abend vorher ins Kino gingen?«

Bonhoeffer sagte einmal über die Erinnerungen: »Je schöner und voller die Erinnerungen, desto schwerer die Trennung. Aber die Dankbarkeit verwandelt die Qual der Erinnerung in eine stille Freude. Man trägt das vergangene Schöne nicht wie einen Stachel, sondern wie ein kostbares Geschenk in sich. Man muss sich hüten, in den Erinnerungen zu wühlen, sich ihnen auszuliefern, wie man auch ein kostbares Geschenk nicht immerfort betrachtet, sondern nur zu besonderen Stunden, und es sonst nur wie einen verborgenen Schatz, dessen man sich gewiss ist, besitzt; dann geht eine dauernde Freude und Kraft von dem Vergangenen aus.«[121] Ich spüre diese Veränderung leise in mir. Ich denke oft an dich, aber nicht mehr nur voller Schmerz, ich bin so dankbar für unsere gemeinsamen Erdenjahre. Wie reich war ich durch dich, wie haben wir uns ergänzt. Mit den Kindern lachen wir oft über dich oder sagen: »Das hätte Papa jetzt so gemacht«; unser Umgang mit dir wird nicht mehr so schmerzlich. Oft rede ich mit dir, bespreche Pläne oder Sorgen, wie früher halt. Ich erzähle dir von Gelungenem und höre dich oft leise sagen »Das habt ihr gut gemacht!«

Eine meiner besten Freundinnen nimmt E-Mail-Kontakt mit mir auf. Ich habe keine Ahnung von Technik, geschweige denn vom PC, aber mein Jüngster erklärt mir mit einer Eselsgeduld das Gerät. Mir tun sich neue Welten auf. Ich entdecke Trauerportale, Gedichte und Texte, die mich ansprechen. Mein erster Schritt in ein Neuland, dem noch viele weitere folgen sollen.

Ich merke, wie ich über mich hinauswachse, begreife Dinge, die ich vorher nie für möglich gehalten hätte; das Medium PC tut mir sehr gut. Und ich bin ein wenig stolz auf mich, dass ich das noch begriffen habe, wie man damit umgeht. Meine Kinder lächeln zwar oft über meinen laienhaften Umgang, aber sie retten mich auch immer wieder aus Computernöten. Meine E-Mail-Freundin wird meine Emmausschwester. Die Emmausjünger haben ja den Auferstandenen nicht sofort erkannt. Die Traurigkeit steckte ihnen noch in den Knochen. Sie baten Jesus, bei ihnen zu bleiben. Und erst am Brotbrechen erkannten sie ihn.

Und genau so eine Schwester will sie für mich werden, eine Emmausschwester.

Eine, die mit mir noch die Todesnacht in den Knochen spürt, aber dennoch den Auferstandenen spürt und erkennt. Und mit der ich dann weitersage von dieser Lebensmacht der Auferstehung, am eigenen Leibe erfahren.

Eines meiner größten Geschenke in der Trauerzeit ist der Kontakt zu Bianka. Ich kann ihr Tag und Nacht schreiben, sie ermutigt mich, wie früher in meiner Teeniezeit Tagebuch zu schreiben, Worte zu finden für das Gewesene, für das Gegenwärtige und Zukünftige. Ich bin ihr so unendlich dankbar. Sie liest geduldig meine Mails, oft sind es viele am Tag. Sie antwortet, als ob sie neben mir sitzt. Sie wird zu meiner Klagemauer, zu meiner Hoffnungsmauer, ich darf ihr alles sagen. Ich habe keine Scheu, mit ihr über meine innersten Gedanken zu reden. Sie ist ganz Frau und sie versteht mich. Ich lebe eine sehr intensive Beziehung mit ihr. Sie hat

Bernd gekannt und ihn geschätzt und sie liebt jedes unserer Kinder. Sie weiß, was wir verloren haben. Ihre Worte streicheln oft meine Seele. Sie gibt mir Kosenamen, wie du, Bernd. Sie nennt mich Wüstenblume, sie sagt mir, wie lieb sie mich hat, wie schön sie mich findet. Wie gut tut es Trauernden, solche Worte zu hören, wie lang hat einem das keiner mehr gesagt. Wie gut tut es, ab und zu einen Arm zu spüren, der dich festhält und dir Schutz gibt. Wohl dem, der Menschen hat, die es wagen, ihn zu berühren, und zärtlich mit ihm umgehen.

Es ist eine andere Art von Intimität als die, die man verloren hat, aber sie tut unendlich gut.

Diese Freundschaft ist ein ganz wichtiger Lebensbaum an meinem Trauerweg. Ich habe, Gott sei Dank, noch einige Emmausschwestern auf meinem Weg, auch Emmausbrüder, wie gut!

Ich bin so dankbar für solche Freunde, die sich nicht scheuen, den schweren Weg mit mir durchzustehen, Tag und Nacht, Sommer und Winter, durch alle Tages- und Jahreszeiten der Trauerzeit.

An der Wegkreuzung

Hirtenmantel

Als der Trauer-Schmerz
Mit unbarmherzigem Griff
Mich schier zu Boden drückte
Und meine letzten Kräfte lähmte,

Kamst DU,
Breitetest
Mit sanften Händen
Deinen Hirtenmantel
Über meine Schultern.

Nachher
Trugst du mich auf starken Hirtenarmen
Zur Herberge der guten Hoffnung.

Gerhard Heilmann

24. Dezember 2004

Unser erstes Weihnachten ohne dich, wie fürchten wir uns davor.

Am liebsten würde ich mich eingraben und eine ganz stille Nacht erleben. Oder mich auf irgendeinem Bahnhof um Einsame kümmern, die genauso heimatlos sind wie ich an unserem ersten Fest ohne dich. Die Kinder sagen mir sehr deutlich, dass mein Platz bei ihnen ist, daheim. Aber ist das ein Zuhause ohne *dich?* Du warst ein begnadeter Hobbykoch, du liebtest Sinnesfreuden und eine feine Küche. Wenn es nach mir ginge, würde es Kartoffelsalat mit Würstchen geben, einfach schnell und gut. Aber die Kinder locken mich wieder mal ins Leben. Sie wollen ein feines Menü kochen, wie immer. Besonders unsere Sophia liebt es ebenso wie du, den Gaumen zu verwöhnen, sie denkt sich ein wunderbares Menü aus. Und sie schafft es, ihre Brüder zur Küchenarbeit zu motivieren. Es macht allen Spaß, zusammen zu schnippeln, zu dekorieren und abzuschmecken. Irgendwie wollen wir es alle besonders gut schaffen, dieses Weihnachten, das spüre ich uns allen ab. Wir halten uns, wir wissen, wie wichtig eine Familie sein kann. In einem Artikel las ich einmal, dass Familien »Überlebensfabriken« sind. Ja, das ist irgendwie zutreffend, besonders an diesem ersten Weihnachten ohne dich. Es ist übrigens kein Weihnachten ohne dich, du bist dabei, spürbar, deine Liebesspuren sind überall da, fast greifbar.

Auch den Kindern wachsen an diesem Weihnachtsfest neue Rollen zu. Sie wissen, wir machen das alles zusammen, wir sind ein Team, wir sind eine Art Wohngemeinschaft, zu der jeder seinen Teil beitragen muss, damit das Fest gelingt. In der Tat wird es ein sehr schönes, liebevolles, sinnliches Weihnachten. Du freust dich sicher an uns und lobst uns wieder einmal.

Wir beide hatten ja früher die Tradition, uns erst zu beschenken, wenn die Kinder im Bett waren, oder wenn sie schon am Spielen waren. Wir beschenkten uns meist nur mit einem Geschenk. Auch diese Tradition will ich fortführen. Ich habe mir in den Wochen vor dem Fest ein Geschenk von dir gekauft. Es ist eine Skulptur einer Frau, unbekleidet, aber sie erscheint mir nicht schutzlos. Das Knie angezogen, die Hände umfassen die Knie. Ihr Kopf liegt leicht geneigt auf ihrer eigenen Schulter. Ihr Blick geht nach oben, über sie hinaus. Diese Frau will ich wieder werden, in sich selber ruhend, sich selbst etwas wert sein, Kraft in sich spüren, die aus der Mitte kommt. Ganz bei sich sein, gesammelt sein. Und den Blick wieder nach oben richten, der Sonne entgegen. Dem Guten und Schönen wieder zugewandt. Genau das, glaube ich, willst du auch wieder von mir. Dass ich die Frau werde, die Gott sich gedacht hat. Dass ich verwandelt werde durch deinen Verlust. Dass ich das Verlorene wiederfinde. Dass ich wieder eine Ganze werde, ganz die Conny, die du geliebt hast und die ich durch deine Liebe werden durfte.

Januar 2005

Das neue Jahr beginnt. Der gelebte Alltag ohne dich ist immer noch schmerzliche Wüste. Ich beginne wieder Musik zu hören, das konnte ich lange Zeit noch nicht. Christliche CDs sind mir oft noch zu weit weg. Sie wollen immer sofort trösten und halten nicht den Zustand der Leere und Trostlosigkeit aus. Sie wollen nicht beim Schmerz bleiben, sondern gehen gleich eine Stufe weiter, überspringen in meinen Augen wichtige Schritte in der Trauerarbeit. In Gedanken entwerfe ich eine eigene CD mit Texten, Liedern und Gefühlen, die alle Trauerschritte zulassen.

Klezmermusik oder Gospels tun mir gut. Die Musik ist traurig, melancholisch und oft fröhlich zugleich. Oder Choräle, die haben etwas von dem Schwarzbrot, das die Seele nährt. Das Lied von Grönemeyer »Der Weg«[122] höre ich tausend Mal. Er hat auch seine Frau Anna verloren, er kennt die Wüste brutalster Wucht, den Verlust, der alle Dimensionen sprengt, wie er schreibt.

Das entspricht mir, der Wüstenrose, sehr, solche gesungenen Gefühle.

Bücher, Musik und Kunst beginnen mich wieder zu interessieren. Lange konnte ich nicht mehr lesen, hatte keine Ruhe dazu. Jetzt ist der Zeitpunkt da, wo ich diese Schätze wieder sichten kann. Biografien von Menschen mit schweren Lebensschicksalen tun mir gut, wie auch Trauerlyrik und alle mögliche Trauerliteratur. Fernsehen und aktuelle Gegenwartsfragen interessieren mich dagegen überhaupt noch nicht. Manchmal ist dir als Trauernder nur deine eigene kleine Welt wichtig.

7. März 2005

Dein Geburtstag naht. Ich habe Angst davor. 51 Jahre würdest du alt werden. Mit den Kindern überlege ich, in welcher Form wir den Tag gestalten sollen. Sollen wir einfach wegfahren und allein als Familie für uns sein, oder sollen wir wie früher Verwandte und Freunde einladen? Wir entscheiden uns für das bewusste Feiern, weil es dein Tag ist und wir ihn auch als deinen Tag belassen wollen. Ich lade also ein, eine große Runde.

Am Morgen des Geburtstages blicke ich in den Garten und sehe überall Teelichter leuchten unter unserer Kugelakazie. Ich eile hinaus und entdecke, dass die Akazie mit bunten, leichten Organza-Tüchern bedeckt ist, und am Boden leuchten die vielen Lichter. Ich erkenne in der Dämmerung, dass die Tücher einen Regenbogen bilden, in seiner ganzen Farbenpalette.

Unsere Nachbarn haben diese zauberhafte Idee für uns verwirklicht, einen immerwährenden Regenbogen, einen hauseigenen Regenbogen in unserem Garten, ein starkes Symbol. Ein Hoffnungszeichen. Ja, es gibt ihn noch, den Regenbogen Gottes über eurem Leben, die Farbigkeit ist noch da über all dem Grau und Schwarz eurer vergangenen Tage. Welch eine Verheißung! Ich hole die Kinder, auch sie sollen das zauberhafte Ambiente erleben, alle sind sehr gerührt. Als wir uns das Kunstwerk näher ansehen, fallen leise und sacht Schneeflocken vom Himmel; welch eine Zugabe des Himmels! Kunstvoll inszeniert, denke ich still. Ich wende mein Gesicht ganz langsam zum Himmel und spüre die zarten Flocken auf meiner Haut und auf meinen Lippen. »Himmelsküsse« sage ich leise und fühle dich zärtlich nah. Schneeflocken werden mir für den Rest meines Lebens nur noch Himmelsküsse bleiben, beschließe ich.

Abends ist unser Wohnzimmer voll mit Menschen: Freunde und Verwandte, Nachbarn. Wir sitzen an Bistrotischen und essen Thaisuppe. Wir zeigen Dias von dir in vielen Lebenssituationen, Meerbilder, beim Sandburgenbauen, auf Kanutour, schwerelos am blauen Tunesienhimmel mit dem Fallschirm schwebend, farbige, helle Familientage. Wir lassen dazu Musik laufen, die du geliebt hast, Pink Floyd und die »Vier Jahreszeiten«. Sophia liest eine Liebesgeschichte von Siegfried Lenz aus dem Buch »So zärtlich war Suleyken« vor. Mit dieser Geschichte begann unsere eigene Liebesgeschichte vor vielen Jahren. Dann gibt es eine Erzählrunde der Gäste, jeder erzählt ein Erlebnis mit dir, manche Geschichten haben wir noch nie gehört. Es ist wie ein Puzzlespiel deines Lebens. Manches rührt uns zu Tränen, manches bringt uns zum Lachen, eine wunderbare Mischung. Du bist spürbar unter uns. Am Ende des Abends stellen wir uns alle in einen großen Kreis, fassen uns an den Händen und singen ein Lied, das du sehr geliebt hast. Ich fühle. Als ob der Kreis bis in den Himmel hineingeht, ein heiliger Moment, wieder einmal. Ein gelungener, dichter Abend, an dem Zeit und Ewigkeit sich an den Händen hielten.

15. März 2005

Draußen wird es sichtbar Frühling. Das Leben kehrt zurück. Nur du nicht mehr. Manchmal tut es mir gut, das neu erwachende Leben in all seiner Fülle. Manchmal hasse ich es, weil es das Recht hat wiederzukehren, und du nicht. Dennoch pflanze ich Osterglocken auf dein Grab. Ich nenne sie »Protestosterglocken«. Ihre bestechende gelbe Farbe soll Auferstehung proklamieren. Ihr Läuten im Frühlingswind soll Protestgeläut sein. Ich erhebe Protest gegen den schwarzen dunklen Feind. *Einer* hat protestiert mit seiner Auferstehung gegen diesen letzten Feind. Und *er* hat den Sieg davongetragen, der Lebensbringer, der Auferstandene.

Komm, du Auferstandener, durchflute das Tote in mir.
Komm, du Auferstandener, berühre mich mit Leben.
Komm, du Auferstandener, beende meine Todesnacht.
Komm, du Auferstandener, lass es hell werden in mir.

So betet es laut in mir, als ich dein Grab mit einer Fülle von Osterglocken bepflanze – ein gelber Blütenteppich, der nach Auferstehung duftet.

Immer wieder tun mir solche Symbolhandlungen gut auf meinem Weg ins Leben.

April 2005

Manchmal, besonders an den Wochenenden, überfluten mich Wellen der Bitterkeit. Ich sehe neidisch auf Paare und »ganze« Familien beim Sonntagsausflug. Ich sehe überall die Welt nur noch paarweise auftreten, selbst die Enten am See schließen sich paarweise zusammen. Ich sehe Väter mit ihren Kindern Fußball spielen und denke: Nie mehr werden unsere Kinder das mit dir tun können. Mein Herz wird attackiert von Pfeilen der Bitterkeit und des Neides. Manchmal macht mich das richtig aggressiv, wenn ich mich mit anderen vergleiche. Ich muss aufpassen, dass sich diese Haltung nicht festsetzt in mir.

Die Freitagnachmittage sind am schlimmsten. Da kamst du oft früher von der Arbeit heim und wir hatten das ganze Wochenende vor uns. Zeit für Zweisamkeit. Manchmal sehe ich freitagmittags auf die Uhr und denke, dass ich da immer zum Bahnhof ging, um dich abzuholen. In diesen Stunden weiß ich jetzt gar nichts mit mir anzufangen, ich laufe oft wie ein Tier im Käfig herum.

Ich entdecke, dass mir Fahrradfahren guttut, besser als Laufen, das kann ich wunderbar alleine machen. Beim Laufen vermisse ich zu sehr deinen Arm. Ich fahre oft Freitagmittag ziellos umher, mir scheint, dass jeder einen Plan hat, nur ich nicht.

8. Mai 2005

Dein erster Todestag. Ich spüre fast körperlich nochmals die letzte Woche im Krankenhaus. Freunde kommen vorbei, wir gehen zu deinem Grab. Am Abend bin ich völlig erschöpft, mein Körper reagiert mit Krankheit. Wie nach einer total anstrengenden körperlichen Arbeit sinke ich in mich zusammen.

Die Tage werden draußen heller. Wann wird es endlich in mir auch einmal kontinuierlich wieder heller? Ich bin mir oft so fremd. Vor deinem Tod war ich sehr gesellig und unternehmungslustig. Ich war mit einem gesunden Selbstbewusstsein ausgestattet und hatte nie Probleme, mit Menschen ins Gespräch zu kommen. Jetzt bin ich oft unsicher, in mich gekehrt und eher gehemmt. Besonders mein lockerer Umgang mit Männern, den scheint es nicht mehr zu geben. Als du noch am Leben warst, habe ich oft mit anderen Männern auch mal Blödsinn gemacht, sie auch mal scherzhaft umarmt. Heute traue ich mich das alles nicht mehr. Sobald mir ein Mann zu nahe kommt, blocke ich ab und mauere mich ein.

Ich fühle mich als Frau irgendwie schutzlos. Möchte überhaupt keine Signale in Richtung Beziehung zu Männern zeigen. Zwei Männer zeigen Interesse an mir und ich fühle mich eher verletzt durch ihre Offenheit. Ich denke: Wie respektlos vor meiner Trauer, wie unfair dir gegenüber. Niemals könnte ich mir vorstellen, dass es da je wieder einen anderen Mann geben sollte, der mich nochmals mit Liebe beschenken kann.

Andererseits macht mich der Zustand des ständigen Alleinseins fast verrückt. Ich bin ein Mensch, der auf das *Du* angelegt ist, der vom Dialog lebt, dem Wechselspiel von Geben und Nehmen. Ich bin ein sehr emotionaler Mensch, für den Berührung und Nähe so wichtig sind wie das tägliche Brot. Die körperliche Liebe, das Versinken in deinen Armen, fehlt mir unendlich.

Unsere Alltagserotik, wie wir sie oft nannten, das kurze Sich-in-den-Arm-Nehmen, der Anruf, der mir sagte: »Ich freue mich auf heute Abend«, der Kuss einfach zwischendurch. Ich fühle mich wie eine Blume, der es an Wasser fehlt. Das Thema Sexualität wird oft in Trauerbüchern verschwiegen. Dabei hören wir auch als Trauernde nicht auf, als Menschen mit allen Bedürfnissen zu existieren.

Gerade wer die Fülle einer Beziehung erlebt hat, fühlt die Leere erst recht so schwer. Ich hole dich deshalb oft in Gedanken zurück und erlebe manche Situationen des Glücks mit dir wieder. Wie gut, dass mir das keiner mehr nehmen kann, diese goldenen Momente. Ich hüte sie wie wertvolle Schmuckstücke.

4. Juni 2005

Ich überblicke die anfallenden Arbeiten in Haus und Garten nicht mehr, es wird mir alles zu viel. Deinen Garten, deinen fantasievoll angelegten Wundergarten, würde ich am liebsten zubetonieren. Ich sehe seine Schönheit im Wechsel der Jahreszeiten nicht mehr. Ich sehe nur noch den Riesenberg von Arbeit, die er macht. Du hast so viel geleistet in all den Jahren in Haus und Garten. Liebster, ich danke dir so sehr dafür!

Manchmal denke ich: Dass zu der Trauer des Herzens noch die große Mehrfachbelastung durch Äußerlichkeiten dazukommt, ist fast nicht zu ertragen. Wie viel kann ein Menschenleben aushalten? Zerbreche ich unter der Last? Ich beschließe, auch auf Rat meines Therapeuten, mir helfen zu lassen. Viele Menschen haben mir nach deinem Tod ihre praktische Hilfe angeboten. Ich weiß, das waren nicht bloße Worte, das haben sie ehrlich so gemeint. Mein Therapeut ermutigt mich, ihre Hilfe anzunehmen. Es tut auch ihnen gut, etwas von den Versprechen einzulösen, praktisch zuzupacken, Worte zu bekräftigen durch Taten. Es gibt auch ihnen ein gutes Gefühl, aktiv etwas zu tun gegen das Geschehene. Also rufe ich tatsächlich ein paar Freunde an. Ich plane meine ersten selbstständigen Veränderungen. Ich organisiere generalstabsmäßig. Ich bin sehr stolz auf mich. Die Kinder sind zuerst gegen die Veränderung, den Garten ein wenig pflegeleichter zu gestalten, sie wollen alles so lassen. Ich setze mich durch mit der Begründung, dass ich die meiste Gartenpflege selber zu tun haben werde. Wirklich: Meine erste richtig große Entscheidung ohne dich! Es werden ihr noch viele folgen. Es ist eine Schlüsselentscheidung.

Ich richte alle Arbeitsgeräte, koche ein nettes kleines mediterranes Menü und erwarte die Helfer. Es wird ein guter Nachmittag. An allen Ecken im Garten wird gearbeitet. Auch die Kinder sind dabei. Es macht allen riesigen Spaß, alle sind motiviert. Es läuft Musik dabei, Oldies, ein heiteres Schaffen. Schon im vergangenen Sommer habe ich dort, wo der Pool stand, eine weiß-blaue Ecke gestaltet. Ich nannte sie mein »Griechenland«, in Erinnerung an einen unvergesslichen Griechenland- urlaub von uns beiden allein vor vielen Jahren. Wir liebten dieses Land, seine Kunstschätze, seine Leichtigkeit, seine blau-weiße Lebensart, sein azurblaues Meer. Die griechische Ecke wird an diesem Nachmittag öko- nomischer gestaltet. Wir schütten groben Rindenmulch und schönen Kies auf die ganze Ecke. Jetzt kommen die blauen Stühle, meine Terra- kottakübel mit Lorbeer und Bougainvillea erst richtig zur Geltung. Es wird wunderschön, ein Stückchen Urlaubsfeeling zu Hause. Wie ein kleines griechisches Café.

Nach getaner Arbeit sitzen wir mit allen Helfern in »Griechenland«. Wir hören griechische Musik, essen mediterrane Köstlichkeiten, zünden viele Kerzen an und genießen das vollbrachte Werk und die gute Tischgemeinschaft. Es hätte dir so gefallen! Ich höre dich wieder im Innern uns loben.

Dich hören, das ist es, was in Trauerbüchern als die innere Stimme bezeichnet wird. Den Verstorbenen als inneren Begleiter und Ratgeber immer mehr zu spüren. Das wird der neue Umgang mit dir werden. In deinem Sinne zu handeln, dich dabei zu wissen in dem Neuen.

In einem Trauerbuch von Jörg Zink ist ein Bild, das ein Kruzifix an einem Baum zeigt. Der Baum hat im Lauf der Jahre das Kruzifix umschlossen. Es wächst förmlich in den Baum hinein. Genauso, sagt er, wachsen eure Toten in euch hinein, werden ein Teil von euch, unverlierbar, für immer in euren Herzen. Dieser neue Umgang mit dir, den gilt es zu lernen, immer mehr. Er verlagert den alten, äußeren Umgang auf eine neue Ebene, das innere Zwiegespräch.

Dieser Arbeitseinsatz, dieses neue Schaffen tut mir sehr gut auf meinem Trauerweg.

Er bildet ein großes Gegengewicht zu all dem Schweren der letzten Wochen. Gegengewicht – dieses Wort wird fortan zu einem Hauptwort meines Trauerweges werden.

Ich stelle mir mein Leben oft als Waage vor. Zwei Waagschalen: In der einen ist das Schwere, dein Tod, die fast endlose Trauerzeit mit all ihren Facetten, der Schmerz, die Einsamkeit.

In der anderen Waagschale sind meine gelebten Erinnerungen mit dir, all das Schöne, meine Familie, meine Freunde, meine neuen Erfahrungen in der Trauerzeit, die Erfahrung von Trost und Hilfe, von Getragensein und Geborgenheit in Gott.

Auf diese beiden Waagschalen möchte ich achten. Wenn ich an manchen Tagen merke, dass die Waagschale der Trauer mich zu sehr herunterziehen will, lerne ich aktiv ein Gegengewicht zu setzen.

Es ist fast wie eine Übung wider das Schwere. Eine Art Hoffnungsübung, die ich aktiv leisten kann. Ich merke zunehmend, wie ich wieder mehr meine Gefühle steuern kann. Wie ich ihnen nicht mehr so hilflos ausgeliefert bin wie zu Anfang des Weges. Oft spreche ich mit meinen Gefühlen und weise sie in die Schranken: »Ja, da seid ihr wieder, meine Einsamkeitsgefühle, ihr seid mir so vertraut. Aber seht mal, hier in der anderen Waagschale gibt es noch die anderen. Darf ich euch vorstellen: Hier sind die Dankbarkeitsgefühle für all die guten Jahre. Und guckt mal, da gibt es noch die vielen neuen Erfahrungen, die neuen Gaben, die mir zugewachsen sind in der Trauer, die vielen Menschen, die mir Stütze und Halt wurden.« Solche Hoffnungsübungen mache ich oft im Stillen, und ganz leise werden meine Tage wieder heller.

Frühsommer 2005

Diese Ferien fahren wir mit Freunden aus der Gemeinde an die Côte d'Azur. Letztes Jahr wollten sie uns ja alle schon mitnehmen, aber erst jetzt sind wir innerlich so weit. Fast alle Kinder kommen mit, es ist eine Art Premiere für uns. Urlaub, das heißt ja bewusst Zeit zu haben für das Schöne, Zeit für die Seele. Wird uns diese Gratwanderung gelingen? Ohne den Alltag auszukommen, der mit den vielen praktischen Arbeiten fast manchmal therapeutische Wirkung leistet? Werde ich dich im Schönen nicht erst recht vermissen?

Ich habe Bauchweh, gepaart mit Angst und Spannung. Wie werden wir den Anblick vieler »ganzer Familien« aushalten?

Wir wollen im Zelt schlafen, wie all die Jahre zuvor. Der Zeltaufbau gelingt unter Gelächter und Stolz, dass wir es schaffen, alle Stangen an die richtige Position zu bringen. Das erste Mittagessen im Freien unter dem Himmel der Provence. Es schmeckt uns doppelt gut.

In der ersten Nacht geht ein Gewitter auf uns nieder. Viel Wasser sammelt sich auf dem Zeltdach an.

Mein Mut sinkt auf Null. Alles ist klamm, die Stimmung nicht gerade gut, als wir den bedeckten Himmel sehen. Ich könnte losheulen, am liebsten würde ich alle Siebensachen packen und wieder nach Hause fahren. Auch die Kinder sind mutlos.

Soll ich meinen Gefühlen nachgeben und resignieren? Wieder hole ich mein Bild der zwei Waagschalen hervor. Ich setze neuen Mut gegen alte Verzweiflung. Ich werde mutig und gehe kurz entschlossen zur Rezeption, um nach einem freien Häuschen auf dem Campingplatz zu fragen. Tatsächlich, wir haben Glück. Wir bauen in Windeseile ab, bevor der nächste Regen herunterprasselt. Unsere schöne Campingordnung geht völlig dahin, endloses Chaos!

Aber wir ziehen um in ein trockenes Heim.

Ein bisschen weniger Zeltromantik als früher, aber dafür ein bisschen mehr Bequemlichkeit. Freundliche Tapeten in mediterranem Orange statt Zeltwände. Porzellan statt Campinggeschirr. Backofen statt Gaskocher. Ist es eine Art gnädige Fügung, dass wir nicht bei jedem Schritt an das Alte denken müssen? Nicht bei jedem Teller dich vermissen? Dich nicht am Gaskocher Campingessen für uns brutzeln sehen?

Als wir alles eingeräumt haben, sitzen wir zufrieden auf unserer kleinen Terrasse, es hat in der Zwischenzeit zu regnen aufgehört, und essen unser erstes himmlisches französisches Baguette. Ich glaube, ich habe es noch nie so genossen wie in dem Moment. Plötzlich blitzt die Sonne hinter den Wolken hervor und bescheint eine vom Umzug leicht müde, aber glückliche »halbe Großfamilie«. Ich sehe dich schmunzelnd vor mir und weiß, was du jetzt sagen würdest … Seltsam, dass man auf neue Wege oft erst durch äußere Missstände geschubst werden muss!

Wir genießen unser Häuschen, die Sonne, die Landschaft, das Meer und die anderen Familien. Mit wie viel Achtsamkeit, Behutsamkeit und Liebe begegnen sie uns! »Kommt ihr mit ans Meer, wollen die Jungs mit Fußball spielen? Brauchst du Zeit für dich?« Wie gut können gute Menschen tun! Unsere Kinder haben viele »Ersatzväter«, die sie auch mal in den Arm nehmen, die beim Fußball mit ihnen raufen; sie blühen auf.

Morgens, ehe alle bei uns drinnen aufwachen, schleiche ich mich mit einer ersten Tasse Kaffee hinaus. Ich genieße die Morgenstille, die ersten Geräusche des Tages, den Duft des Kaffees, das Erwachen des neuen Tages. Eine Freundin sagte mir einmal: Eine Tasse Kaffee und Gottes Gegenwart am Tisch, das ist eine wunderbare Mischung. Ja, so empfinde ich das auch in diesen Morgenstunden in der Provence. Ich fühle auch dich ganz nah, neben mir die Stille genießend. Das Schweigen mit dir. Und plötzlich spüre ich mich wieder als Conny. Ich spüre meine Quellen tief in mir. Ich habe mich nicht verloren, wie ich immer glaubte. Mich gibt es noch. Verletzt, aber verwandelt. Mir kommt eine Begebenheit aus »Jim Knopf« in den Sinn, das wir den Kindern immer vorgelesen haben, als sie klein waren. Da verwandelte sich der böse Drache Frau Mahlzahn während eines langen Schlafes in den goldenen Drachen der Weisheit.[123] Mir kommt es so vor, als würde sich all das Dunkle meines Lebens unter der goldenen Sonne der Provence verwandeln. Als würde all das Schlimme plötzlich andere Vorzeichen bekommen. Als würde ich, Conny, neu auferstehen, geläutert, in vielen Dunkelstunden verwandelt in eine neue Frau. Verwurzelt mehr denn je in der Erde. Bereichert um viele neue Erfahrungen mit mir selbst, mit Gott und anderen Menschen. Ich komme mir in dem Moment vor, als würde ich nach einem langen Kampf, nach vielen Fausthieben, die mich zu Boden geworfen haben, wieder aufstehen. Noch die Hiebe spürend und verwundet. Noch zittern meine Knie und Gliedmaßen vom langen, brutalen Kampf. Aber ich bin dabei, mich taumelnd vom Boden zu erheben. Aufrecht zu stehen, mein Gleichgewicht wieder zu finden.

»Mein Gott, du hast mich verwundet, aber *du* wirst mich auch wieder heilen«, bete ich aus vollem Herzen. »Du hast mir die Trauerkleider ausgezogen und mich mit einem Festgewand bekleidet« (Psalm 30,12; Hfa). »Den Abend lang währet das Weinen, aber des Morgens ist Freude« (Psalm 30,6; L). Diese Bibelverse sind keine hohlen Worte mehr für mich, sondern durchlebte Wirklichkeiten, die absolut glaubwürdig daherkommen.

Ich laufe allein in den Morgenstunden los. Ich spüre so viel Energie in mir wie seit Monaten nicht mehr. Ich singe beim Gehen. »Morning has broken«, einen Hauch des ersten Schöpfungsmorgens spüre ich am eigenen Leib. »Eine neue Schöpfung und ich bin mitten drin«, denke ich spontan! Ich höre die Zikaden ihr Morgenlob zirpen und ich lobe mit ihnen. Ich ahne, dass ich den Kampf gegen das Dunkel gewonnen habe.

Das Meer und die Gemeinschaft der anderen sind Balsam für uns. Wir genießen jede Sekunde. Die Leichtigkeit der Landschaft tut das ihre.

Manchmal sitze ich ganz alleine auf einem Felsen, der ringsum von Meer umspült ist, und sehe von Weitem die Kinder und die Freunde spielen und schnorcheln. Ich habe Abstand von ihnen, ich sehe ihnen aus der Ferne zu. Ich bin allein, aber nicht einsam. Ich halte mich wieder aus. Ich genüge mir, ich bin wieder eine Ganze.

Ich spüre dich so tief in mir und weiß fest: Jetzt werde ich dich nie mehr verlieren, kein Tod kann dich mir mehr rauben. Aber ich will selbst auch wieder leben. Ich will die Zeitspanne ohne dich noch einmal bewusst leben. Ich will wieder planen. Ich will meinem Leben wieder Farbe verleihen, Musik und Zukunft. Es wird nie mehr so sein, wie es einmal war, aber es wird anders werden, und es wird auch wieder schön werden. Ich verspreche dir zu leben, wieder zu gestalten und zu genießen. Das Leben nicht einfach nur herumzubringen, es so schnell wie möglich hinter mich zu bringen. Nein, es bewusst zu leben, auszukosten, diese Handvoll Erdenzeit, die uns zugewiesen ist. Es ist wie eine Entscheidung für das Leben, die ich da irgendwo auf einem Felsen mitten im Meer Südfrankreichs treffe. Wie ein Versprechen an dich: »Ja, ich will.« Gebeugter, mit dem tiefen Riss in meinem Leben, aber verwandelt, weil gerade durch diesen Riss wieder so viel Neues und Tiefes in mein Leben eingeströmt ist.

Wir kehren zurück aus unserem Premierenurlaub ohne dich, braun gebrannt, mit einem Koffer voller guter neuer Gefühle und Gedanken.

Juni 2005

Der Alltag daheim will wieder vieles erdrücken. Die Aufgaben und Pflichten erschlagen mich manchmal. Die Kinder sind zuweilen anstrengend. Als ob eine Art Schonzeit vorbei ist, man ärgert sich wieder übereinander, man reibt sich, Normalität kehrt ein.

Man wagt es, sich Gefühle zuzumuten, die man lange nicht gebraucht hat. Das ist gut so, aber es kostet auch Kraft.

Durch die Tage am Meer habe ich erneut gemerkt, wie sehr ich ein Gemeinschaftsmensch bin, wie sehr ich die anderen brauche, wie gut mir das Gespräch tut. An den Sommerabenden setze ich mich öfter wieder zu unseren Nachbarn auf unsere Spielstraße. Ich spüre, welch ein Geschenk auch diese Nachbarn für mich sind. Sie haben mit uns durchgehalten, das dunkle Tal, sie haben meinen Rückzug in mein Schneckenhaus akzeptiert. Aber sie haben auch wieder geduldig auf der Gasse auf mich gewartet und mich wie früher da willkommen geheißen.

Ich finde neue Formen der Gemeinschaft. Zum Beispiel lade ich meinen Schülerbibelkreis öfter mal freitagabends zu Videoabenden ein. Da ist zwei Seiten geholfen. Einerseits den Schülern, die es genießen, mich mal anders daheim zu erleben bei Chips und Filmen, ein kleines Kino. Andererseits gibt es ein paar weniger einsame Freitagabende für mich.

Ein paar Mal lade ich Nachbarkinder zu Spieleabenden und Pommes ein. Oder veranstalte einen reinen Frauenkinoabend. Weggehen mit Paaren allein ist noch immer nicht so gut für meine Seele, so weit bin ich nicht. Lieber lade ich zwei Paare zu mir nach Hause ein, das schaffe ich eher in meinem gewohnten Rahmen.

Ich arbeite jetzt in einer christlichen Programmkneipe als Mitarbeiterin mit, früher waren wir da oft selbst als Gäste. Die Arbeit im Team macht mir große Freude. Ebenfalls die Arbeit im Freizeitteam der Gemeinde. An den Sonntagen versuche ich oft einen Mix zu leben. Manchmal kommen die Kinder noch mit, zum Beispiel zu irgendeiner Ausstellung. Aber oft gesellen sich noch andere dazu. Zum Beispiel mein Neffe, der sich gerade wieder in der Singlephase befindet, eine Freundin, deren Mann durch Schichtdienst oft an Wochenenden belegt ist, eine andere Witwe. Es ist bisweilen ein bunt zusammengewürfelter Haufen. Aber es tut unheimlich gut, wieder rauszugehen, neue Horizonte zu spüren.

Nur wenn ich heimkomme, denke ich: »Und jetzt ist sie wieder da, deine Einsamkeit. Jetzt ist da kein Arm mehr, wo du dich reinkuscheln kannst.« Das ist immer noch schwer für mich.

Gelegentlich denke ich: Die Einsamkeit ist im zweiten Jahr der Trauer oft noch schwerer als im ersten, weil da die Endgültigkeit noch mehr bewusst wird und die Sehnsucht nach dem anderen noch stärker.

Herbst 2005

Ich gebe einen Großteil deiner Kleider weg. Nur ein paar Lieblingspullis behalte ich. In deinen roten Wollpulli versinke ich, wenn die Sehnsucht nach dir zu arg wird. Dann fühle ich ein wenig von deiner Wärme.

Wir denken jetzt über einen Grabstein für dich nach. Noch immer steht das schlichte Holzkreuz auf deinem Grab. Wie durch Zufall (ich bin davon überzeugt, dass es keine Zufälle gibt, sondern höchstens Zugefallenes!) fahre ich beim Üben für den Führerschein mit meinem Philipp an einem Steinmetz vorbei. Ich spüre sehr schnell, dass dessen Art unseren Geschmack trifft, ästhetische Kunststücke sehe ich da stehen. In der kommenden Woche fahre ich zu seiner Werkstatt. Ich klingle an der Tür; als sie geöffnet wird, fange ich erst einmal an zu weinen.

Ich bringe es kaum über die Lippen zu sagen, was ich möchte. Das Holzkreuz drückte noch so viel Vorläufigkeit aus, jetzt soll es in Stein gemeißelt werden, dass du einfach nicht mehr da bist. Der Steinmetz ist sehr einfühlsam, und ohne dass ich zu viel reden muss, fährt er erst einmal zu deinem Grab mit mir. Das ist intuitiv eine richtige Reaktion auf meine Tränen. Auf dem Weg dahin erzähle ich ihm von dir, deiner Art und deinem Wesen. Er muss passen, der Stein, er soll ein Symbol für dich, meinen Felsen in der Brandung meines Lebens, sein.

Die nächsten Wochen fahre ich immer wieder hin zur Werkstatt, auch mit den Kindern. Wir lassen uns Zeit. Wir gehen damit schwanger. Nach zwei Wochen entscheiden wir uns für zwei Steine, zwei Stelen, grauer Basalt. Wieder einmal Symbolik. Die zwei Steine sollen zwei Wirklichkeiten ausdrücken. *Du – wir, Himmel – Erde.* Die Steine sollen nebeneinander stehen, ganz nah, aber mit ein klein wenig Abstand dazwischen. Ein Kreuz soll die Verbindung der beiden Wirklichkeiten bilden, eine Art Brücke, auf der man hin- und hergehen kann. Verbindung zwischen Himmel und Erde durch den Gekreuzigten. Das Kreuz aber auch als Symbol für das Leid, die Schmerzen, das Durchlittene. Aber vor die beiden schweren Steine legen wir ganz vorne einen goldenen Stein. Das Symbol des Auferstandenen. Ostern, der dicke Brocken, der das Kreuz verdrängt. Auferstehungssonne, die sich vor die dunklen Wolken des Todes schiebt.

Ostern, der dicke, goldene Brocken, der sich dem Leid in den Weg stellt, ganz frech ihm den Weg versperrt. Der goldene Brocken ist aber auch Symbol für unsere eigenen goldenen Stunden, die wir geteilt haben auf dieser Erde. Er wiegt schwer, der Stein.

Die Wochen vergehen, während der Steinmetz daran arbeitet, Struktur auf die Rückseite der Steine bringt, die Schrift auswählt: Kalligrafie, wie du selbst sie früher gemacht hast.

Einen Samstag lang dürfen wir als Familie sogar selbst an den Steinen arbeiten. Wir schmirgeln sie ab und glätten die harten Kanten. Das tut unwahrscheinlich gut, diese Arbeit. Jedes der Kinder bearbeitet eine Kante, mit viel Liebe und Sorgfalt und in Gedanken ganz bei dir. Eine handfeste Trauerarbeit, wieder einmal fast therapeutisch für uns alle. »Sieh mal, meine Kante ist schon ganz glatt, sie fühlt sich so zart an.« Runden wir mit dem Schleifen die Härte des Geschehenen ab? Nehmen wir ihm die Kanten, die uns weiter verletzen könnten? Gestalten wir aktiv das Unabänderliche?

Die Steine werden einzigartig. Als sie aufgestellt sind, laden wir an einem Abend Freunde und auch den Steinmetz auf den Friedhof ein. Wir singen Lieder dabei, haben Kerzen angezündet und sie oben auf die Steine gestellt. Wir lesen Auferstehungstexte und Offenbarung 21, den Text von Gottes neuer Welt. Ein sehr dichter Abend für uns alle.

Deine Steine werden für mich zur Klagemauer und zu meinen Freudensteinen. Manchmal schreibe ich auf die Rückseiten, die wie Schiefertafeln aussehen, Wortfetzen: »Danke«, »Warum«, »Ich liebe Dich«. Ich komme mir oft vor wie die Juden, die Zettelchen in ihre Klagemauer in Jerusalem stecken. Unser ältester Sohn legt bei jedem Besuch am Grab Steinchen obenauf, wie sie es auch auf jüdischen Gräbern tun. Dein Grab erlebt eine ungewöhnliche Familiengrabkultur. Mir ist egal, was die anderen denken. Es ist Ausdruck unserer eigenen Trauer. Mal liegen Scherben auf deinem Grab, mal eine Flaschenpost, mal lauter Herzen.

Tränen, Sebastian Gorenflo

Trauerarbeit

Sie nennen es Arbeit:
Das Trauern.
Nicht im Schweiße deines Angesichts
Sollst du schuften,
Sondern in den Tiefen deiner Seele:
Alleine-Arbeit,
Einsamkeits- Arbeit.
Niemand kann sie dir abnehmen,
diese Arbeit.
Alleine musst du sie bewältigen,
Tagaus,
Tagein –
Wie Sisyphos den Stein.
Wie lange muss ich sie abarbeiten, meine Trauer,
Herr meines Lebens?
Diese Arbeit ist kein Fluch!
Sie gereicht dir zum Segen.
Eines Tages soll deine Traurigkeit in Freude
verkehrt werden.

»Tears« von Sebastian Gorenflo

Ich ahne neue Wege

Hoffnungszeichen

Als ich in der Flut meiner
Eigenen Tränen
Zu ertrinken drohte,
Ließ sich eine weiße Taube nieder
Auf meiner Schulter
Mit einem Blatt im Schnabel
Vom Baum des Lebens.

Sieh, den Regenbogen der Freude
Am Horizont:
Das Leben kann noch einmal beginnen.

Gerhard Heilmann

Weihnachten 2005

In der Adventszeit nehme ich mir viel Zeit für die Aktion »Lebendiger Adventskalender«. Ich habe sie vor mehreren Jahren im Dorf initiiert. Jeden Abend treffen sich Menschen an festgelegten Häusern im Dorf und auf der Straße. Jeden Abend gestaltet eine andere Familie oder Organisation die besinnliche Viertelstunde. Diese bewusste Zeit tut mir selbst gut. Aber die Familienadventszeit fehlt mir. Die Kinder werden alle selbstständiger und sind immer weniger da. Ich bin dankbar für meine Freundinnen, für meine Schwester, für meinen Bruder, meine Verwandten, die nach wie vor immer für mich da sind. Was ist das für ein Netz, das trägt, wie wertvoll! Aber niemand kann dich ersetzen!!

Unser zweites Weihnachten ohne dich wird für uns alle ein wenig trauriger als das erste.

Beim ersten Mal haben wir uns angestrengt, es besonders gut zu machen.

Aber jetzt wird uns die Lücke, die dein Tod hinterlassen hat, noch viel bewusster und deutlicher. Wie gut, dass Weihnachten mehr ist als ein bloßes Familienfest. Dass der Grund der Freude außerhalb unserer Wirklichkeit liegt.

Das Weihnachtslied »Ich steh an deiner Krippen hier« wird mein besonderes Lied:

> ... ich komme, bring und schenke dir,
> Was du mir hast gegeben.
> Nimm hin, es ist mein Geist und Sinn,
> Herz, Seel und Mut, nimm alles hin
> Und lass dir's wohl gefallen.

Wie gut, dass ich selbst mein Leben schenken darf mit meinem verzagten Geist, meinem Mut, der zwar noch klein ist, aber der noch wachsen darf. Ich darf es ihm schenken, dem Kind in der Krippe. Mehr habe ich nicht zu bieten.

Die Kinder kümmern sich immer noch wunderbar um mich. Sie wissen, wie schwer mir das Leben ohne dich ist. Unsere Schätze, Sebastian, Sophia, Philipp, Johannes und Tilman.

Was würde ich ohne sie machen? Und dennoch bin ich irgendwie erleichtert, als dieses Weihnachtsfest endlich vorüber ist.

Silvester 2005

Mit einer guten Freundin und meinem Tilman fliege ich über Silvester das erste Mal wieder nach Norwegen: Mein Bruder lebt dort seit Jahren. Es war dein Lieblingsland, Bernd. Wir haben unseren letzten Urlaub zwei Monate vor deinem Tod dort verbracht.

Du wolltest unbedingt noch einmal in dieses Zauberland. Jetzt, nach zwei Jahren, gehe ich das erste Mal wieder über seine Schwelle. Vieles kommt hoch an Erinnerungen. Vieles tut noch einmal weh. Wie gut, dass mein Bruder und seine wunderbare Familie vieles auffangen, in vielen Gesprächen und Gesten. Hier ist ein Ort, wo ich immer zu Hause sein werde.

In der Silvesternacht höre ich die Jahreslosung 2007: »Siehe, ich will ein Neues schaffen, jetzt wächst es auf, erkennt ihr's denn nicht?« (Jesaja 43,19; L). Ich frage mich bang, ob das auch für mich gilt. Ob ich neue Wege gehen kann? Ob ich mich trauen darf weiterzugehen, ohne dich Leben zu gestalten, neue Muster zu weben, eigene Farben zu malen, eigene Melodien meines Lebens zu finden? Ob ich nach vorne sehen kann, ohne immer zurücksehen zu müssen?

Mein Therapeut erzählte mir einmal die Geschichte von Lots Frau. Sie schaute immer nur zurück nach Sodom und erstarrte dann schließlich zur Salzsäule. Er sagte: »Es geht weiter, wenn ich weitergehe.« Ja, ich will weitergehen. Will nicht erstarren, weil ich nur zurückschaue.

Aber ich habe noch Angst davor.

In den Trauerbüchern lese ich immer wieder vom Loslassen. Es macht mir Angst, dieses Wort, weil ich mir vorstelle, ich würde deine Hand halten und plötzlich loslassen. Als würde ich dich nochmals verlieren. Ich hasse dieses Wort. Wenn mir jemand von außen sagt: »Du musst Bernd loslassen«, werde ich fast aggressiv. In mir schreit es dann: »Du hast leicht reden!« Ich alleine möchte diesen Zeitpunkt bestimmen ohne Diktat von außen.

Ich reise zurück aus meinem Winterland mit vielen guten Emotionen, aber auch mit nichts als der Verheißung: »Siehe ich will ein Neues schaffen.« Das soll mir genügen für das neue unbekannte Jahr, das vor mir liegt.

Januar 2006

Meine Trauergruppe geht dem Ende zu. Wertvolle Weggefährtinnen gilt es zu verabschieden. Wir wollen versuchen, Kontakt zu halten. Sie kommen mir vor wie die Gefährten aus dem Film »Herr der Ringe«. Das war auch eine Gefährtenschaft durch Feuer und Eiszeiten des Lebens. Selten habe ich vorher mit »wildfremden« Menschen so viel Inneres geteilt.

Auch meine Einzeltherapie geht zu Ende. Auch eine Begleitung für gewisse Zeit. Es ist gut, Begleitung zu begrenzen. »Jetzt kannst du alleine gehen. Jetzt bist du stark genug. Du hast Feuer und Wasser durchquert. Du hast dem größten Feind des Lebens schon einmal Auge in Auge gegenübergestanden. Jetzt geh! Ich traue dir das zu. Du wurdest verwandelt auf dem Weg durch die Trauer und jetzt gehe hinein in das neue Land, das neue Leben jenseits deiner Trauer. Gehe die Wege des Lebens!« So ungefähr sagt mein Therapeut mir am Ende. Ich könne jederzeit kommen, wenn das Neue zu schwer wird, es Neues zu reflektieren gilt. Ich könne ein Buch über meinen Trauerweg schreiben, ich könne Trauerarbeit aktiv gestalten, eine Trauergruppe selbst leiten. Das sind Konkretisierungen für das Neue, das Unbekannte.

Sollte ich wirklich auf dem Weg in ein Leben jenseits des Trauerweges sein? Ich kann es immer noch nicht glauben.

Frühjahr 2006

Ich mache einen Spaziergang und mitten in der Landschaft sehe ich eine Tür auf freiem Feld. Völlig zusammenhanglos, aus ihrem Rahmen herausgerissen, steht sie da.

Ich weiß nicht, warum sie da steht, wer sie da hingestellt hat. Sie hat keinen Sinn, keine Funktion, wie mir scheint. Aber sie steht da, mitten in der Landschaft. Und sie inspiriert mich. Genauso fühle ich mich: Herausgerissen aus meinem Rahmen, mitten im Leben, aber noch ohne Schutz und Rahmen. Ja, in diesem Land Nicht-Mehr-Noch-Nicht, befinde ich mich. Altes ist nicht mehr da und Neues noch nicht sichtbar. Es ist ein Gehen zwischen den Welten.

Tür ohne Rahmen

Manchmal fühle ich mich wie eine Tür ohne Rahmen,
Ohne Sicherheiten und Schutz.
Zerbrochen, herausgerissen aus dem Vertrauten.
Altes gilt nicht mehr und Neues ist noch nicht greifbar.

Ich lebe zwischen Nicht-Mehr und Noch-Nicht.

Die namenlose Weite fasziniert und ängstigt mich zugleich.

Was soll werden?
Was ist das Neue?

Wie eine Tür inmitten einer Landschaft.
Ohne den schützenden Rahmen eines Hauses.

So fühle ich mich.

Und dann bist du, Jesus, plötzlich da.
Legst deine Hand auf meine Schulter und berührst mich zart.

»Ich bin da, mein Kind,
Ich kenne deine Schutzlosigkeit.
Ich kenne diese Gefühle, keinen Rahmen mehr zu haben,

Keinen Schutz und keine Sicherheiten.
Abgestellt, einsam, verlassen, ohne Sinn und Zweck
Mitten in einer weiten Landschaft.

Auch ich wurde meines Rahmens beraubt, gewaltsam herausgerissen
Mitten aus dem vertrauten Leben.
Ich wurde meines Lebens beraubt,
Alles wurde mir genommen, was mir noch sicher war.

Mein Kind, ich selbst will jetzt dein Rahmen sein,
Deine einzige Sicherheit.
Ich will dich bergen im Land ohne Schutz und Geborgenheit.

Aber sieh nur, das ist auch die Weite.
Das neue Land, die namenlose Weite.

Noch macht sie dir Angst die Weite.
Aber ›Ich will dein Rahmen sein‹,
Von dem du ins neue Land aufbrechen darfst.

Sieh die grüne Landschaft, die Hügel der Verheißung.
Das neue Land jenseits deines Trauerlandes.

Ich bin, der ›Ich-bin-da‹, so wie ich es schon immer für dich war.

Brich auf, ich bin an deiner Seite.«

Ich höre gern die Musik von Frieder Gutscher, er singt vieles, was mir vertraut erscheint. Sein Lied »Der Regenbogen« spiegelt meine Lebenssituation wider:

»Mit meinen Augen will ich euch leiten
Eine Zukunft euch bereiten.
Wege mit euch gehen,

Die ihr noch nicht kennt.
Ich will euch führen in ein weites Land.
Nehmt es ein mit eurem Mut.
Entfaltet, was in euch verborgen ruht.«[124]

Ja, das gilt es wohl auf dem neuen Weg jenseits der Trauer zu erspüren, das Verborgene zu entdecken, das Ungeahnte, die Kräfte in mir zu spüren.

Juni 2006

Ich besuche Tage für Trauernde im Schloss Craheim. Es ist kein Trauerseminar, sondern es sind Urlaubstage für Trauernde. Die sanfte Hügellandschaft tut mir gut. Vor Jahren waren wir beide, *du* und *ich*, schon einmal an diesem guten Ort. Damals haben wir hier um Heilung gebetet, uns segnen lassen. Heute geht es um die innere Heilung meines verwundeten Herzens. Ich weiß nicht, was der Ort mit mir machen wird. Zu viele Erinnerungen?

Ich habe das Gefühl, das schönste Zimmer in diesem wunderschönen Schlösschen bekommen zu haben. Ein altes Eichenbett, eine zarte Rosentapete, ein riesiger barocker Spiegel bis zum Boden, ein Kaminsims davor. Ich fühle mich ein wenig wie eine Königin, oder vielleicht wie Dornröschen. Ich nenne es folglich »Dornröschensuite«. Dieses Märchen ist ohnehin mein Lieblingsmärchen in meiner Trauerzeit. Ich fühle mich wie Dornröschen, die von einer bösen Spindel gestochen wurde. Die nicht daran starb, aber die in einen tiefen Schlaf fiel. Das übrige Leben auf dem Schloss im Märchen war ja auch in Erstarrung verfallen. Der Koch schlug den Küchenjungen nicht mehr ... Das Leben hatte irgendwie angehalten, war in eine Art Winterstarre verfallen. Genau wie mein Leben ohne dich auch. Die Dornen der Trauer haben auch mich eingemauert, vom Lebendigsein abgeschnitten. Andere haben sich verletzt an den Dornen, sie konnten nicht zu mir durchdringen in meinen Dornröschenschlaf. Vieles kam gar nicht bei mir an, was irgendwie nach Leben roch, in den letzten beiden Jahren.

Wir sind fünf Frauen bei den Trauertagen und zwei einfühlsame Anleiter. Es ist wohltuend, dass die Trauertage nicht nur über Gespräch laufen, sondern sehr viel über Körperarbeit: Sich zu spüren, sich zu orten. Und sich zu spüren draußen in der Natur. Wir sollen uns drei Stunden Zeit nehmen, um unseren persönlichen Trauerweg draußen in der Natur abzugehen, Stationen zu finden, die wir erlebt haben, und entsprechend Symbole aus der Natur mitzubringen.

Ich ging einen dunklen Weg.
Ich ging ganz alleine.
Ich ging barfuß über ein Stoppelfeld.
Ich lief durch eine Allee, Bäume an meinem Weg.
Ich stand an der Wegkreuzung.
Ich ahnte neue Wege und ließ mich einen kleinen Abhang
hinunter rollen.

Diese Stationen erlebe ich allesamt noch einmal in diesen drei Stunden, Trauerweg im Zeitraffer. Ich fühle mich einerseits sehr erschöpft danach, aber auch erleichtert.

Bei der letzten Station, als ich so alleine den Hügel herunterrolle, wie früher als kleines Kind, weine ich vor Glück. Ich spüre mich so sehr und es ist wohl nicht ganz zufällig, dass just, als ich so in den Himmel emporschaue, ein Raubvogel in den leichten Sommerwinden seine Kreise über mir zieht ... In dem Moment weiß ich: Es gibt mich wieder. Und ich weiß auch, ich darf jetzt Bernd loslassen. Plötzlich habe ich all die Freiheit, dir das so zu sagen: »Ich lasse dich los, ich lasse dich deine Bahnen ziehen im Neuen, ich gebe dir deine neue Freiheit. Ich respektiere diese Lebensfügung.« Und plötzlich ersetze ich für mich dieses gefürchtete Wort »Ich lasse dich los« durch ein neues, mir passender erscheinendes: »Ich gebe dich frei.«

Ich sage ganz laut und deutlich: »Ich gebe dich frei.« Und gleichzeitig kommt es mir so vor, als ob auch du zu mir sagst: »Ich gebe dich frei.« Frei für das neue Leben ohne mich, frei Neues zu wagen, neue Lebensmuster zu leben. Sie sind wie eine Geburt, diese Stunden allein mit meinem Gott und mir und dir irgendwo unter dem Sommerhimmel bei Schloss Craheim.

Später lese ich ein Wort von Rabbi Josua Liebermann, das diese neue Freiheit im Umgang mit dir widerspiegelt: »Die Melodie, die der Geliebte auf dem Klavier deines Lebens spielte, wird niemals mehr auf diese Weise gespielt werden, aber wir dürfen die Tastatur nicht verschließen und das Instrument verstauben lassen. Wir müssen neue Geisteskünstler finden. Neue Menschen, die uns helfen, die Straße des Lebens allmählich wiederzufinden.«

In der ganzen Trauerzeit habe ich sehr selten geträumt, beziehungsweise mich sehr selten an Träume erinnert, aber der Traum, den ich in den kommenden Wochen träume, ist wohl ein Spiegelbild dieses Prozesses: Ich träume meinen Dornröschentraum, in eigener Abwandlung.

Ich laufe auch in einem Schloss umher und entdeckte ein Zimmer, das ich noch nie vorher gesehen habe. Ich öffne ganz vorsichtig die Tür und komme in einen lichtdurchfluteten Raum.

Ein blumiger Duft, die Fenster weit offen, der Blick in eine sanfte grüne Landschaft. Aber das Zimmer ist völlig leer. Keine Möbel und keine Menschen. Plötzlich spüre ich nur noch mich und ich höre eine sanfte Melodie, wie die einer Spieluhr. Ich summe die Melodie leise mit und habe plötzlich den Wunsch zu tanzen. Ganz leichte, zaghafte Schritte erspüren die Melodie und es wird mir sehr leicht ums Herz. Ich habe keine Schuhe an, die brauche ich hier drinnen nicht mehr, meine Zehen wollen den Boden spüren. Ich drehe mich im Kreis. Leicht wie eine Ballerina tanze ich nur für mich.

Als ich aus dem Traum erwache, weiß ich plötzlich: Das ist mein neuer Raum. Mein neues Zimmer. Mein neues Leben ohne dich, das ich jetzt ganz neu einrichten darf. Mit Farben bemalen, die zu mir passen, mit Stoffen schmücken, die meine Muster haben, mit Möbeln einrichten, die nach meinem Geschmack sind. Mit Menschen füllen, die ich hereinbitten darf in mein neues Zimmer, die meine Gäste sind und ich die Gastgeberin.

Mein Dornröschentraum: nicht mehr die Schlaf bringende Spindel, die den hundertjährigen Schlaf auslöst. Sondern ein neues Zimmer, ein leeres Zimmer, mein neuer Lebensraum. Dornröschentraum mit Happy End?

Die Tage in Craheim sind wie eine Art Abschluss meines Trauerweges. Vieles kann ich für mich selbst neu festmachen. Ich schreibe Sätze in mein

Tagebuch wie: »Trauer ist die edelste der Emotionen. Trauer ist das letzte Geschenk der Liebe.«

Mein Trauerweg neigt sich seinem Ende zu. Dornröschen ist wieder erwacht, verschlafen blinzelt es noch in die Sonne. Der Schlaf, die Starre sitzt ihr noch in allen Gliedern, aber sie weiß, es gibt einen Garten jenseits der Trauer. Die Dornen sind noch da, die Spuren der Schmerzen und deines Todes. Sie tun noch immer weh. Aber da sind auch wieder die blühenden Rosen, die ihren Duft verströmen. Die Rosen, die neues Leben verheißen. Ja, es wird wieder Lebendigkeit ins Schloss kommen und das ganze Leben dort darf noch einmal beginnen. Und Kinder und Küchenjungen werden wieder lustige Lieder singen. Von der Freiheit und der Liebe und den Farben des Lebens.

Und das Schönste: Du wirst lächeln und dich mit deinem Dornröschen und ihrem ganzen Hofstaat freuen!

Veränderungen auf meinem Weg durch die Trauer ... eine Art Nachgedanken

1. **Mein Gottesbild** hat sich verändert. Gott ist jetzt für mich der Geheimnisvolle, der Souveräne, der Verborgene. Der sich das Recht herausnimmt zu nehmen und zu geben.

Den ich nicht durchschauen kann, über den ich schon gar nicht verfügen kann.

Ein Schüler sagte mir einmal während der Hiob-Unterrichtseinheit: »Gott hat den Hubschrauberblick, wir Menschen haben den Ameisenblick.«

Diesem Gott bin ich begegnet auf dem Weg. Er hielt mich aus in allen meinen Gefühlen. Er stand bei mir in der Nacht und war mein Trost, auch wenn ich ihn oft nicht spürte.

2. **Dein Dasein** hat sich nur verändert. Ich weiß, du bist da, in einem veränderten Dasein.

Ich zitiere Worte des Neutestamentlers Professor Klaus Berger: »Der biologische Tod ist eine Erfahrung des Lebens, ein Jahresring, eine Kerbe auf dem Antlitz des Menschen, der da gestorben ist, nicht weniger. Was Verlust zu sein scheint, ist in Wahrheit ein Schritt weiter, ein Schritt in das Darüberhinaus. Ein Schritt in Gottes neue Welt.

Dieser Gott kann Leben nicht nehmen, sondern nur weiterhin geben, vielleicht, ja offenbar in verwandelter Gestalt. Er nimmt um zu geben.«[125]

Und ich trage dich in mir, unverlierbar, bis ich selbst einmal über diese Schwelle gehen werde, die du bereits überschritten hast.

3. **Meine Person** hat sich verändert.

Ich bin durch meine Trauer verwandelt worden. Ich wurde verwundet, aber auch wieder geheilt.

Ich bin mir selbst mit allen Grenzen begegnet und habe meine Grenzen erweitert.

Ich weiß um die Zerbrechlichkeit des Lebens, aber auch um seine Schönheit und Kostbarkeit.

Ich bin, wie Hilde Domin in einem meiner Lieblingsgedichte »Sintflut« sagt, durch den Feuerofen des Leides immer heiler und unversehrter zu mir selbst entlassen.

Ich gehe achtsamer mit mir und dem Leben anderer um.

Ich lebe einen anderen Lebensstil. Ich lebe abschiedlicher, aber auch viel intensiver und bewusster. Ich habe meine Prioritäten neu geordnet.

Ich bin seit dem Tod geerdet und gehimmelt zugleich.

Meine »Kühlschrankbotschaften«

Als ich in meiner Trauer zwischendurch gar nicht mehr wusste, wie ich überleben soll, was mir noch guttut, habe ich für mich selbst diese Botschaften formuliert. Es waren für mich Appelle an meine eigene Seele, eine Art Selbstaufforderung für eine Seele, die in eine Art Sackgasse geraten war.

Es war wie eine Regieanweisung für mich, weil ich in dem Moment die Regieanweisung für mein Leben vergessen hatte. Schwarz auf weiß hängte ich mir diese Appelle an meinen Kühlschrank, einen Ort des Alltags, den ich brauchte, um körperlich zu überleben.

Oft musste ich schwarz auf weiß lesen, was der nächste Schritt für mich war. Und mit meiner Seele auf diese Art sprechen. Vergleichbar in der Sprache der Psalmen, wo mir diese Redeweise auch sehr ins Auge fiel: »Sei nun wieder stille meine Seele« oder »Was betrübst du dich meine Seele?«

Appelle an meine eigene Seele, wenn gar nichts mehr ging

Ich will leise und behutsam das Leben wieder neu beginnen.

Ich lasse mir Zeit und höre in mich hinein.

Ich erlaube mir auch Rückschritte.

Ich weiß, es darf alles sein.

In der Trauer ist manches verrückt, weil sich alles verrückt hat.

Keine Phase dauert ewig!

Ich will es überleben!

Ich werde durch meine Trauer verwandelt!

Nie mehr werde ich meinen Gefühlen so nah sein wie jetzt.

Irgendwann wird aus meinen vielen Tränen meine Perlenkette des neuen Lebens!

Es wird nie mehr so werden, wie es einmal war, aber es wird wieder schön werden.

Hinter das, was mir in meiner Trauer wichtig wurde, gehe ich nie mehr zurück!

Ich wende mich wieder dem Leben zu, gebeugter, verwundeter, aber auch verwandelter.

Ich werde dich immer in mir tragen bis zum Ende meiner Erdenzeit.

Ich vertraue dem, der sagt: »Ich bin die Auferstehung und das Leben.«

Ich vertraue ihm; dass er auch mir wieder neues Leben erschließt:

In voller Überzeugung auch gegen die gefühlten Gefühle,
Cornelia Gorenflo,
Januar 2007

Meine Wegzehrungen auf meinem Trauerweg

Oder: Was mir persönlich gutgetan hat

Schreibe es dir auf, damit du es nicht vergisst, wenn du vergisst, wie Leben geht!

Menschen, *die ich jederzeit erreichen kann, auch nachts.*
Auf das starke Netz von Menschen sehen, die mir guttun und mir helfen.

Gott, *mein Tröster, meine Klagemauer, mein Herzensfreund.*

Gefühle, *die ich in aller Ehrlichkeit leben darf, meine Wut, meine Einsamkeit, ich darf alles vor Gott leben, herausschreien, daheim, im Wald…*

Nischen *für meine Trauer.*
Alleinsein, Weinen, auf den Friedhof gehen, Zwiegespräch mit dem Verstorbenen, seine Musik hören, Fotos ansehen, Trauerbegleitung.

Natur, *draußen sein. Sterben und Auferstehen in den Abläufen der Natur erkennen, Symbole deuten, Bildersprache Gottes erkennen und für mich deuten dürfen.*
Mich bewegen, es geht weiter, wenn ich weitergehe.
Nicht stehen bleiben.

Geregelter Tagesablauf

Mahlzeiten zu mir nehmen, auch wenn kein Hunger da ist. Vitamine zu mir nehmen. Johanniskraut.

Genügend Schlaf und Bewegung.

Musik, Bilder, Bücher, Filme *zum Thema Trauer (es gibt sehr viel Gutes).*

Klezmermusik und Gospels, traurig, melancholisch und fröhlich zugleich (den Ursprung dieser Musik beachten!).

Solidarität mit den Trauernden weltweit

Auf das Netz der Trauernden sehen, Trauerportale im Internet und Gesprächsgruppen besuchen.

Biografien von Menschen mit schweren Schicksalen lesen.

Über den Tellerrand der eigenen Trauer blicken, sich mit anderen Lebensschicksalen verbünden.

Es nimmt nichts von meiner Trauer, stellt mich aber in ein großes Netz hinein.

Rituale und Symbole

Herausfinden was mir guttut.

Grabgestaltung, Verrücktes wagen. Steine, Erinnerungen von Ausflügen mitbringen, Flaschenpost. Egal was die anderen denken, es ist meine Trauer!

Geburtstage und Gedenktage bewusst gestalten.

Den Lieblingspulli des Verstorbenen tragen, zu besonderen Zeiten, seine Musik bewusst hören.

Sterbeort immer wieder aufsuchen.

Kreativität

Etwas umgestalten, eigenes Zimmer, neue Farben, Möbel.

Volkshochschulkurse belegen, was ich schon immer gerne machen wollte.

Schatzkiste der Erinnerungen anlegen, Traueralbum anlegen mit wertvollen Texten und Bildern.

Gedanken in Worte fassen

Tagebuch meiner Trauer schreiben.
  Gedichte schreiben, »Elfchen« verfassen.
  Trauerportale aufsuchen im Internet (z. B: Trauernetz der Evangelischen Kirche im Rheinland).
  Briefe und E-Mails schreiben.

Mir Gutes tun

Mir selbst Blumen kaufen, mir eine besondere Schokolade leisten.
  Mir an Geburtstagen und an Weihnachten ein Geschenk »vom Verstorbenen« machen.
  Ein Café alleine besuchen (auch ohne ein Buch zu lesen).
  Mir etwas wert sein.

Land zurückerobern

Alte gemeinsame Orte nochmals aufsuchen, vielleicht mit neuen Menschen, Freundinnen, mit der Trauergruppe, Gruppenreisen wahrnehmen.

Neues wagen, Verrücktes tun, Lebensträume leben

Was wollte ich schon immer einmal tun?
  Welche Träume habe ich noch?
  Neue Menschen kennenlernen, mich nicht mehr eingraben.

Alleinsein aushalten und gestalten

Auch mal Abende alleine daheim aushalten.
  Wieder mal lesen, telefonieren, Briefe schreiben.
  Musik hören.

Freiräume für andere

Trauernde betreuen, besuchen.

Menschen im Altersheim, Behinderte, Ausländerkinder betreuen.
Wo kann ich helfen?
Gemeindemitarbeit, Sozialarbeit.

Erfinderisch sein

Frauenvideoabende, Patenkinder, Nachbarkinder einladen, Menü kochen mit Freunden, Spieleabende mit anderen.

Offen sein

für das neue Leben, das Gott jenseits meines Trauerweges für mich vorbereitet hat.

Segen auf deinem Trauerweg

Ich wünsche dir
ein Netz, das dich nicht ins Bodenlose fallen lässt.
Eine unsichtbare Hand, die dich auf deinen dunklen Wegen begleitet.
Tränen, die den Stau lösen, eine Boje im Meer deines Schmerzes,
einen Ort für deine Klage.
Brot und Wein zum Leben.
In den Nächten eine Handvoll Schlaf.
Räume und Zeiten um deine wirren Gedanken zu
ordnen.
Trost, der dir nicht die Trauer nimmt,
einen Menschen, der dir sein Ohr leiht, der bei dir steht und nicht
alles besser weiß.
Ich wünsche dir, dass dein Glaube nicht zerbricht,
du das Unfassliche als nicht begreifbar
Gott überlassen kannst.
Das wünsche ich dir und mir.

Evelyn Oberacker, Dettenheim
(Sie trauert um ihren Sohn.)

Literaturverzeichnis

Antonovsky, Aaron. *Salutogenese: Zur Entmystifizierung der Gesundheit.* Hg. v. A. Franke. Aus d. Amerik. v. A. Franke u. N. Schulte. Forum für Verhaltenstherapie und psychosoziale Praxis, Bd. 36. Deutsche Gesellschaft für Verhaltenstherapie: Tübingen, 1997.

Barschel, Freya. Das Leben geht weiter. In: Reuther, Heike. *Stärker als je zuvor: Wie das Leben ohne Partner weitergeht – Frauen erzählen.* Marion von Schröder: Berlin, 2006, 175–185.

Beck, Aaron T. *Cognitive Therapy and the Emotional Disorders.* Meridian: New York, 1979.

Beck, Aaron T. et al. *Kognitive Therapie der Depression.* Aus d. Amerik. v. G. Bronder u. B. Stein. Hg. v. M. Hautzinger. Beltz: Weinheim, Basel, 1999.

Berger, Klaus. *Ist mit dem Tod alles aus?* Gütersloher Verlagshaus: Gütersloh, 1999.

Dagmar Berghoff, Die Zeit ist dein Freund, in: Heike Reuther, *Stärker als je zuvor: Wie das Leben oh-ne Partner weitergeht - Frauen erzählen* (Marion von Schröder: Berlin, 2006), 19.

Beutel, Manfred. Trauerreaktionen und ihre therapeutische Begleitung. In: Hoffmann, N., Schauenburg, H. (Hg.). *Psychotherapie der Depression: Krankheitsmodelle und Therapiepraxis – störungsspezifisch und schulenübergreifend.* Thieme: Stuttgart, New York, 2000.

Entnommen aus: *In meinem Herzen die Trauer,* hrsg. von Lis Bickel/Daniela Tausch-Flammer, HERDER spektrum, Bd. 5090, S. 100f © Verlag Herder GmbH, Freiburg im Breisgau, 6. Auflage 2008Bischl, Katrin. Aus Enttäuschung klug werden. In:»Psychologie heute« (2005) 5, 8.

Bonhoeffer, Dietrich. *Widerstand und Ergebung: Briefe und Aufzeichnungen aus der Haft.* Hg. E. Bethge. Lizenzausg. d. Chr. Kaiser Verlages, 13. Aufl. Gütersloher Verlagshaus Gerd Mohn: Gütersloh, 1985.

John Bowlby: *Verlust. Trauer und Depression*. Aus dem Englischen von Elke vom Scheidt. (Bindung und Verlust; 3) 2006. 479 Seiten. 9 Tab. (978-3-497-01832-1) kt, S. 94; Mit freundlicher Genehmigung des Ernst Reinhardt Verlages München/ Basel 2008, www.reinhardt-verlag.de

Brandes, Erwin (Hg.). *Trost genug! Worte und Briefe an Trauernde, Trosterfahrungen und Gebete*. Brunnquell: Metzingen, 1981.

Braun, Joachim. *Zwischen Trost und Tränen: Für Zeiten der Trauer*. 10. Aufl. Brunnen: Gießen, Basel, 1999.

Breitenstein, Rolf. *Wenn Männer zu viel arbeiten: Rausch, Ritual, Ruin*. Wirtschaftsverlag Langen Müller/Herbig: München, 1990.

Clinebell, Howard. *Modelle beratender Seelsorge*. Mit einem Nachwort von H. Harsch. Aus d. Amerik. v. C. Hilbig u. W. Pisarski. 5., erweiterte Aufl. Christian Kaiser: München, 1985.

De Shazer, Steve. *Wege der erfolgreichen Kurztherapie*. Aus d. Amerik. v. U. Stopfel. 5. Aufl. Klett-Cotta: Stuttgart, 1995.

Dieterich, Michael. *Handbuch Psychologie und Seelsorge*. R. Brockhaus: Wuppertal, Zürich, 1989.

Dostojewski, Fjodor. *Die Brüder Karamasow*. Aus dem Russ. übertragen v. E. K. Rahsin. 29. Aufl. Piper: München, Zürich, 1999.

Eckstein, B., Fröhlig, B. *Praxishandbuch der Beratung und Psychotherapie: Eine Arbeitshilfe für den Anfang*. Pfeiffer bei Klett-Cotta: Stuttgart, 2000.

Eibach, Ulrich. *Seelische Krankheit und christlicher Glaube: Theologische, humanwissenschaftliche und seelsorgerliche Aspekte*. Theologie in Seelsorge, Beratung und Diakonie, Bd. 3. Neukirchener Verlag: Neukirchen-Vluyn, 1992.

Ellis, Albert. *Training der Gefühle: Wie Sie sich hartnäckig weigern, unglücklich zu sein*. Aus d. Amerik. v. G. H. Price. mvg: Landsberg a. L., 1996.

Epiktet. *Handbüchlein der Moral.* Griechisch/Deutsch. Übersetzt u. hg. v. K. Steinmann. Philipp Reclam jun.: Stuttgart, 2004.

Epstein, Seymour. *Sie sind viel klüger, als Sie denken: Was man mit Intuition und Verstand erreichen kann.* Aus d. Amerik. v. W. Goidinger. Droemersche Verlagsanstalt Th. Knaur Nachf.: München, 1994.

Eybisch, Cornelia. Blick zurück in Liebe. In: »Psychologie heute« (1994) 3, 8 f.

Fairchild, Roy. W. *Seelsorge mit depressiven Menschen.* Mit einem Vorwort v. W. Müller. Matthias-Grünewald: Mainz 1991.

Fishback Powers, Margaret. *Spuren im Sand: Ein Gedicht, das Millionen bewegt, und seine Geschichte.* Aus d. Amerik. v. L. Schmidt. 23. Aufl. Brunnen: Gießen, Basel, 2006.

Frenz, Nadma. Verwaiste Eltern: Hilfe für Eltern, deren Kind gestorben ist. In: »Psychologie heute« (1998) 2, 16.

Freud, Sigmund. Trauer und Melancholie [1917]. In: Freud, Sigmund. *Psychologie des Unbewussten.* Studienausgabe, Bd. 3. Hg. A. Mitscherlich et al. Limitierte Sonderausgabe. Fischer Taschenbuchverlag: Frankfurt a. M., 2000, 193–212.

Frister, Thomas. *Lass deine Klage hören: Mit Verlusten umgehen.* Quell: Stuttgart, 1991.

Gadamer, Hans-Georg. *Ästhetik und Poetik I: Kunst als Aussage.* Gesammelte Werke, Bd. 8. Unveränd. Taschenbuchausg. J. C.B. Mohr Paul Siebeck: Tübingen, 1999 [1993].

Goleman, Daniel. *Emotionale Intelligenz.* Aus d. Engl. v. F. Griese. 14. Aufl. Deutscher Taschenbuch Verlag: München, 2001.

Grabe, Martin. Ist die Trauer die »kleine Schwester« der Depression? In: »Psychotherapie und Seelsorge« (2007) 1, 37-39.

Grawe, Klaus. *Neuropsychotherapie.* Hogrefe: Göttingen, Bern, Toronto u. a., 2004.

Grün, Anselm. *Tu dir doch nicht selber weh.* 2. Aufl. Matthias Grünewald: Mainz, 1997.

Alle Autorenrechte liegen bei der Katholischen Akademie in Bayern; Romano Guardini, *Religiöse Gestalten in Dostojewskis Werk. Studien über den Glauben,* 7. Auflage 1989, S. 27, Verlagsgemeinschaft Matthias Grünewald, Mainz / Ferdinand Schöningh, Paderborn

»Regenbogen«; Text und Musik: Frieder Gutscher,© cap-music, 72221 Haiterbach-Beihingen aus CD »Der Weg wächst im Gehen« 52 07051

Anny Hahn, *Es gibt einen lebendigen Gott* (Brunnquell: Metzingen, 1968), 90.

Hanke, Mila. Warum wir trauern. In: »Psychologie heute« (2006) 4, 45–51.

Heckel, Ulrich. *Schwachheit und Gnade: Trost im Leiden bei Paulus und in der Seelsorgepraxis heute.* Quell: Stuttgart, 1997.

Hell, Daniel. *Welchen Sinn macht Depression? Ein integrativer Ansatz.* Rowohlt: Hamburg, 1997.

Hergovich, Andreas. Die parapsychologische Versuchung. In: »Psychologie heute« (2002) 8, 62–67.

Herrmann, Nina. *Ich habe nicht umsonst geweint: Eine Krankenhausseelsorgerin erzählt.* Aus d. Amerik. v. B. Kamprad. 4. Aufl. Kreuz: Zürich, 1987.

Hesse Hermann, *Das Glasperlenspiel,* © Suhrkamp Verlag Frankfurt am Main 1946.

Hüther, Gerald. *Biologie der Angst: Wie aus Stress Gefühle werden.* 5. Aufl. Vandenhoeck & Ruprecht: Göttingen, 2002.

Inselmann, Ute. Bio-psycho-soziale Belastungen im Alter: Theoretische und psychotherapeutische Implikationen des Verlusterlebens. In:»Psychotherapie Forum« (2004) 3, 140–146.

Jäger, Eva Maria. *Glaube und seelische Gesundheit: Eine Untersuchung zur differentiellen Therapieindikation von Selbstinstruktionen bei depressiven Patienten.* Hochschulschriften aus dem Institut für Psychologie und Seelsorge der Theologischen Hochschule Friedensau, Bd. 4. Freudenstadt,1997.

Jerneizig, Ralf, Langenmayr, Arnold, Schubert, Ulrich. *Leitfaden zur Trauertherapie und Trauerberatung.* Vandenhoeck & Ruprecht: Göttingen, 1991.

Rechtevermerk: aus: Verena Kast, *Trauern:* Kreuz Verlag, Stuttgart 1982/1999, S. 24.

Klug, Marion. Trilogie. In: Reuther, Heike. *Stärker als je zuvor: Wie das Leben ohne Partner weitergeht – Frauen erzählen.* Marion von Schröder: Berlin, 2006, 91–109.

Korn, André. Erlebnisse und Erfahrungen im Umgang mit hirntoten Patienten. In: Striebel, Hans Walter, Link, Jürgen (Hg.). *Ich pflege Tote: Die andere Seite der Transplantationsmedizin.* Recom: Basel, Baunatal, 1991, 43–53.

Kübler-Ross, Elisabeth. »Der Tod ist ein wunderschönes Erlebnis«. Interview in: »Psychologie heute« (1997) 12, 34–39.

Kutter, Peter. Psychoanalytische Depressionskonzepte. In: Nissen, Gerhardt (Hg.). *Depressionen: Ursachen, Erkennung, Behandlung.* W. Kohlhammer: Stuttgart, Berlin, Köln, 1999, 36–48.

Kutter, Peter. Vorbeugen ist besser als heilen: Erich Lindemanns Beiträge zu Verlust-Thematik, Krisenbewältigung, Familiendynamik und Sozialtherapie. In: Lindemann, Erich. *Jenseits von Trauer: Beiträge zur Krisenbewältigung und Krankheitsvorbeugung.* Hg. P. Kutter. Übersetzung aus d. Amerik. v. Kap. 1 bis 8 D. Friedrich. Verlag für Medizinische Psychologie bei Vandenhoeck & Ruprecht: Göttingen, 1985.

Lammer, Kerstin. Das Unfassbare bewältigen. In: »Psychologie heute« (2004) 12, 62–69.

Lazarus, Arnold. *Innenbilder: Imagination in der Therapie und als Selbsthilfe.* Aus d. Amerik. v. J. András. Reihe Leben lernen, Bd. 47. 3., verbess. Aufl. Pfeiffer bei Klett-Cotta: Stuttgart, 2000.

Lazarus, Arnold. A. Multimodale Verhaltenstherapie der Depression. In: Lazarus, Arnold A. (Hg.). *Multimodale Verhaltenstherapie.* Aus d. Amerik. v. W. Stifter u. H. A. Stiksrud. Fachbuchhandlung für Psychologie: Frankfurt a. M., 1978, 155–162.

Lazarus, Richard S. *Stress and Emotion: A New Synthesis.* Free Association Books: London, 1999.

Lewis, Clive Staples. *Über die Trauer.* Mit einem Vorwort v. V. Kast. Aus d. Engl. übertragen v. A. Kuoni. 2. Aufl. Benziger: Zürich, Düsseldorf, 1999.

Lindemann, Erich. *Jenseits von Trauer: Beiträge zur Krisenbewältigung und Krankheitsvorbeugung.* Hg. P. Kutter, Übersetzung aus d. Amerik. v. Kap. 1 bis 8 D. Friedrich. Verlag für Medizinische Psychologie bei Vandenhoeck & Ruprecht: Göttingen, 1985.

Lukas, Elisabeth. *In der Trauer lebt die Liebe weiter.* Mit Fotos v. R. Briese. Kösel: München, 1999.

Lukasczik, Matthias. Was wäre gewesen, wenn … In: »Psychologie heute« (2006) 3, 16 f.

Lutz, Tom. *Tränen vergießen: Über die Kunst zu weinen.* Aus d. Amerik. v. D. v. Weltzien. Bastei Lübbe: Bergisch Gladbach, 2003.

Misselwitz, Irene. »Ein gelungener Trauerprozess unterstützt die Bewältigung der Vergangenheit«. In: »Psychologie heute« (2004) 5, 10 f.

Entnommen aus Monika Müller/Matthias Schnegg, *Der Weg der Trauer,* HERDER spektrum Bd. 5476, S. 165 © Verlag Herder GmbH, Freiburg im Breisgau, 3. Auflage 2008

Müller, Wunibald. *Meine Seele weint: Die therapeutische Wirkung der Psalmen für die Trauerarbeit.* Münsterschwarzacher Kleinschriften, Bd. 73. 5., überarb. Aufl. Vier-Türme: Münsterschwarzach, 2001.

Naegeli, Sabine. Du hast mein Dunkel geteilt: Gebete an unerträglichen Tagen. Herder: Freiburg, Basel, Wien, 2001.

Nouwen, Henri J.M. *Der dreifache Weg.* Aus d. Engl. übertrag. v. R. Kohlhaas. Herder: Freiburg i. B., 1984.

Perls, Frederick S. et al. *Gestalttherapie: Grundlagen.* 5. Aufl. Deutscher Taschenbuch Verlag: Stuttgart, 2000.

Petri, Horst. *Verlassen und verlassen werden: Angst, Wut, Trauer und Neubeginn bei gescheiterten Beziehungen.* Kreuz: Stuttgart, Zürich, 1991.

Pfeifer, Samuel. *Die Schwachen tragen: Moderne Psychiatrie und biblische Seelsorge.* 3. Aufl. Brunnen: Basel, Gießen, 1994.

Pisarski, Waldemar. *Anders trauern – anders leben.* 2. Aufl. Christian Kaiser: München, 1988.

Plattner, Ilse E. *Die Hoffnung bleibt: Trösten und helfen in schweren Situationen.* Kreuz: Zürich, 1998.

Postel, Sabine. »Du schaffst das schon!« In: Reuther, Heike. *Stärker als je zuvor: Wie das Leben ohne Partner weitergeht – Frauen erzählen.* Marion von Schröder: Berlin, 2006, 77–87.

Rehrl, Annette. Damit aus Trauer nicht Depression wird. In: »Psychologie heute« (2004) 1, 65–69.

Risch, Hannelore. *Gott tröstet: Von der Kraft, die Trauer zu überwinden.* 7. Aufl. R. Brockhaus: Wuppertal, 1989.

Rosenberg, Marshall B. *Gewaltfreie Kommunikation: Eine Sprache des Lebens. Gestalten Sie Ihr Leben, Ihre Beziehungen und Ihre Welt in Übereinstimmung mit Ihren Werten.* 6. überarb. u. erw. Aufl. Mit Vorworten v. A.

Gandhi u. V. F. Birkenbihl. Aus d. Amerik. v. I. Holler. Junfermann: Paderborn, 2005.

Virginia Satir, *Kommunikation, Selbstwert, Kongruenz: Konzepte und Perspektiven familientherapeutischer Praxis,* Paderborn: Junfermann, 7. Auf. 2004, 243.

Schick, Erich. *Der Christ im Leiden: Ein Buch evangelischen Trostes.* 2. Aufl. Furche: Berlin, 1937.

Schmidbauer, Wolfgang. Art. »Ich-Funktion«. In: Arnold et al. (Hg.). *Lexikon der Psychologie,* Bd. 2, 12. Aufl. Herder: Freiburg u. a., 1994, 955.

Renate Schmidt, Tun, was man für richtig hält, in: Heike Reuther, *Stärker als je zuvor: Wie das Leben ohne Partner weitergeht* - Frauen erzählen (Marion von Schröder: Berlin, 2006), 211.

Schmitt, Eric-Emmanuel. *Oskar und die Dame in Rosa.* Aus d. Franz. v. A. u. P. Bäcker. Fischer Taschenbuch: Frankfurt a. M., 2005.

Schraml, Walter J. *Psychologie im Krankenhaus: Ein Leitfaden für Schwestern, Pfleger und verwandte Berufe.* 5. Aufl. Huber: Bern, Stuttgart, Wien.

Schramm, Elisabeth (Hg.). *Interpersonelle Psychotherapie bei Depressionen und anderen psychischen Störungen.* Unter Mitarbeit v. M. Bohus, D. v. Calker, S. Hedlund. Mit dem Original-Therapiemanual von Klerman, Weissman, Rounsaville und Chevron. Geleitwort Klaus Grawe, Vorwort Mathias Berger. Schattauer: Stuttgart, 1996.

Schuchardt, Erika. *Warum gerade ich ...? Leben lernen in Krisen – Leiden und Glaube. Fazit aus Lebensgeschichten eines Jahrhunderts.* Mit Bibliografie der über 2 000 Lebensgeschichten von 1900 bis zur Gegenwart. Alphabetisch, gegliedert, annotiert. Geleitworte des Ratsvorsitzenden der EKiD, der Generalsekretäre des LWB/LBF und des ÖRK/WCC. 11., überarb. u. erw. Aufl. Vandenhoeck & Ruprecht: Göttingen, 2002.

Seligman, Martin. *Erlernte Hilflosigkeit.* 4. Aufl. erweitert um: Petermann, Franz. Neue Konzepte und Anwendungen. Psychologie Verlags Union: Weinheim, 1992.

Seligman, Martin. *Pessimisten küsst man nicht: Optimismus kann man lernen.* Aus d. Amerik. v. C. Boermann. Knaur: 2001.

Shakespeare, William. Hamlet Prinz von Dänemark. In: Shakespeare, William, *Sämtliche Werke,* übers. v. A. W. v. Schlegel u. L. Tiek (Otus: St. Gallen, 2002), 491–526.

Sons, Rolf. »Wie Rauch vergehen die Tage«. In: »Psychotherapie und Seelsorge« (2007) 1, 19–25.

Sperlich, Christl. Kinder trauern anders. In: »Psychologie heute« (2006) 1, 44–47.

Das stellen allerdings auch die Vertreter der Phasenmodelle nicht in Abrede. Der Trauerforscher Yorick Spiegel sagt z. B.: »Ein Trauerverlauf ist nicht voraussagbar, dazu sind die Formen der Beziehungen, die den Trauernden mit dem Verstorbenen verbanden, zu verschiedenartig; die Umwelt reagiert sehr verschieden, und die Ressourcen und Bewältigungsmechanismen, über die ein Trauernder verfügt, wechseln von Person zu Person. Es gibt weder *den normalen* Trauerverlauf noch die *angemessene* Readaption.« Yorick Spiegel, *Der Prozess des Trauerns:* © by Gütersloher Verlagshaus, Gütersloh in der Verlagsgruppe Random Hous GmbH, München, 75.

Steyne, Phil M. *Gods of Power: A Study of the Beliefs and Practices of Animists.* 4. Aufl. Impact International Foundation: Columbia, 1996.

Striegl, Sonja. »…
und ich bleib allein zurück«. In: »Psychologie heute« (1997) 12, 17.

Sullivan, Harry S. *Das psychotherapeutische Gespräch: Beitrag zur modernen Psychoanalyse und Psychotherapie.* Aus d. Amerik. übertragen v. J. Wilkinson. Fischer Taschenbuch: Frankfurt a. M., 1976.

181

Tausch, Anne-Marie. *Gespräche gegen die Angst: Krankheit – ein Weg zum Leben.* Rowohlt: Reinbek bei Hamburg, 1987.

Tausch, Anne-Marie, Tausch, Reinhard. *Sanftes Sterben: Was der Tod für das Leben bedeutet.* Vollständig überarb. Taschenbuchausgabe. Rowohlt: Reinbek bei Hamburg, 1996.

Tausch-Flammer, Daniela. *Die Zeit der Trauer: Eine Hilfe für Trauernde und Begleitende.* Veröffentl. v. Diak. Werk der EKiD und Krebsverband Baden-Württemberg e. V. Stuttgart, o. J.

Thiede, Werner (Hg.). *Über den Tod hinaus: Perspektiven und Fragen,* kommentierte Dokumentationen. EZW-Texte (2000) 156.

Titze-Ludwig, Karin. Auf eigenen Füßen stehen. In: Reuther, Heike, *Stärker als je zuvor: Wie das Leben ohne Partner weitergeht – Frauen erzählen.* Marion von Schröder: Berlin, 2006, 141–151

Tölle, Rainer. *Psychiatrie, einschließlich Psychotherapie.* Kinder- und jugendpsychiatrische Bearbeitung von R. Lempp. 11., überarb. u. ergänzte Aufl. Springer: Berlin u. a., 1996.

Toman, Walter. Art. »Regression«. In: Arnold, Wilhelm, Eysenck, Hans Jürgen, Meili, Richard (Hg.). *Lexikon der Psychologie,* Bd. 3. 12. Aufl. Herder: Freiburg, Basel, Wien, 1994, 1868.

Van der Geest, Hans. *Unter vier Augen: Beispiele gelungener Seelsorge. 3.* Aufl. Theologischer Verlag Zürich: Zürich, 1986.

Volkan, Vami D., Zintl, Elizabeth. *Wege der Trauer: Leben mit Tod und Verlust.* Aus d. Amerik. v. A. Pott. Psychosozial: Gießen, 2000.

Weiser, Prisca, Ochsmann, Randolph. Du fehlst! In: »Psychologie heute« (2005) 3, 16.

Wilhelm, Klaus. Tränen des Mit-Leids. In: »Psychologie heute« (1996) 3, 47.

Wilkening, Karin. *Wir leben endlich: Zum Umgang mit Sterben, Tod und Trauer.* Vandenhoeck & Ruprecht: Göttingen, 1997.

Willberg, Hans-Arved. *Depression: Formen – Hintergründe – Hilfen: Schritte zu einer integrativen therapeutischen Seelsorge.* Hochschulschriften aus dem Institut für Psychologie und Seelsorge der Theologischen Hochschule Friedensau, Bd. 10. Freudenstadt, 2001.

Willberg, Hans-Arved. *Einfach entspannt: Das Wohlfühlprogramm nach Jacobson.* 2. Aufl. Hänssler: Neuhausen-Stuttgart, 2007 [2005].

Willberg, Hans-Arved. *Keine Angst vor der Angst: Angststörungen – ihre Ursachen und wie man sie bewältigen kann.* R. Brockhaus: Wuppertal, 2004.

Willberg, Hans-Arved. *Mach das Beste aus dem Stress: Wie Sie Ihr Leben ins Gleichgewicht bringen.* R. Brockhaus: Wuppertal, 2006.

Willberg, Hans-Arved. *Wenn alles zu viel wird: Depressive Verstimmungen und ihre Überwindung.* R. Brockhaus: Wuppertal, 2002.

Winter, Friedrich. *Seelsorge an Sterbenden und Trauernden.* Lizenzausgabe. Vandenhoeck & Ruprecht: Göttingen, 1976.

Wischeropp, Gabriela. Wieder trauern lernen. In: »Psychologie heute« (2002) 11, 54 f.

Wittchen, Hans-Ulrich et al. *Depression: Wege aus der Krankheit.* Hexal-Ratgeber. 5. Aufl. Karger: Basel, Freiburg, Paris u. a., 1995.

Wolf, Doris. *Einen geliebten Menschen verlieren: Vom schmerzlichen Umgang mit der Trauer.* 13. Aufl. PAL: Mannheim, 2006.

Wolfersdorf, Manfred. »Über 60 Prozent aller Depressionen entstehen aus unverarbeiteter Trauer«. Interview in: »Psychologie heute« (2004) 1, 68 f.

Worden, James William. *Beratung und Therapie in Trauerfällen: Ein Handbuch.* Aus d. Amerik. v. T. M. Höpfner. Hans Huber: Bern, Stuttgart, Toronto, 1987.

Zimmermann-Wolf, Christoph. *Einander beistehen: Dietrich Bonhoeffers lebensbezogene Theologie für gegenwärtige Klinikseelsorge.* Studien zur Theologie und Praxis der Seelsorge, Bd. 6. Echter: Würzburg, 1991.

Zink, Jörg. *Die Mitte der Nacht ist der Anfang des Tages: Bilder und Gedanken zu den Grenzen unseres Lebens.* Kreuz: Stuttgart, 1998.

Anmerkungen

1   Wunibald Müller, *Meine Seele weint: Die therapeutische Wirkung der Psalmen für die Trauerarbeit*, Münsterschwarzacher Kleinschriften, Bd. 73, 5., überarb. Aufl. (Vier-Türme: Münsterschwarzach, 2001), 31.

2   W. Müller, Seele, 32 f.

3   Rechtevermerk: aus: Verena Kast, *Trauern:* Kreuz Verlag, Stuttgart 1982/ 1999, S. 24.

4   Hannelore Risch, *Gott tröstet: Von der Kraft, die Trauer zu überwinden*, 7. Aufl. (R. Brockhaus: Wuppertal, 1989), 9.

5   Dagmar Berghoff, Die Zeit ist dein Freund, in: Heike Reuther, *Stärker als je zuvor: Wie das Leben oh-ne Partner weitergeht - Frauen erzählen* (Marion von Schröder: Berlin, 2006), 19.

6   Renate Schmidt, Tun, was man für richtig hält, in: Heike Reuther, *Stärker als je zuvor: Wie das Leben ohne Partner weitergeht - Frauen erzählen* (Marion von Schröder: Berlin, 2006), 211.

7   Clive Staple Lewis, *Über die Trauer,* mit einem Vorwort v. V. Kast, aus d. Engl. übertragen v. A. Kuoni, 2. Aufl. (Benziger: Zürich, Düsseldorf, 1999), 64.

8   Monika Müller, Matthias Schnegg, *Unwiederbringlich – Vom Sinn der Trauer: Hilfen bei Verlust und Tod*, 2. Aufl. (Herder: Freiburg, Basel, Wien, 2001), 34.

9   Gerald Hüther, *Biologie der Angst: Wie aus Stress Gefühle werden*, 5. Aufl. (Vandenhoeck & Ruprecht: Göttingen, 2002) 36, 38.

10 Ebd., 113 f.

11 Gerald Hüther, a. a. O., 27.

12 John Bowlby: *Verlust. Trauer und Depression.* Aus dem Englischen von Elke vom Scheidt. (Bindung und Verlust; 3) 2006. 479 Seiten. 9 Tab. (978-3-497-01832-1) kt, S. 94; Mit freundlicher Genehmigung des Ernst Reinhardt Verlages München/ Basel 2008, www.reinhardt-verlag.de

13 Sigmund Freud, Trauer und Melancholie [1917], in: Sigmund Freud, *Psychologie des Unbewussten*, Studienausgabe, Bd. 3, Hg. A. Mitscherlich et al., limitierte Sonderausgabe (Fischer Taschenbuchverlag: Frankfurt a. M., 2000), 197. – »Die Depression ist also, nach Freuds Verständnis, einfach eine verdorbene Trauer.« Tom Lutz, *Tränen vergießen: Über die Kunst zu weinen*, aus d. Amerik. v. D. v. Weltzien (Bastei Lübbe: Bergisch Gladbach, 2003), 256.

14 Sigmund Freud, a. a. O., 199.

15 J. Bowlby, Verlust, 38.

16 Manfred Wolfersdorf, »Über 60 Prozent aller Depressionen entstehen aus unverarbeiteter Trauer«, Interview in: Psychologie heute (2004) 1, 68.

17 Daniel Hell, *Welchen Sinn macht Depression? Ein integrativer Ansatz,* (Rowohlt: Hamburg, 1997) 150.

18 Ebd., 150 f.

19 Ebd., 152.

20 Friedrich Schiller, zit. in: Erwin Brandes (Hg.), *Trost genug! Worte und Briefe an Trauernde, Trosterfahrungen und Gebete* (Brunnquell: Metzingen, 1981), 28.

21 Elisabeth Lukas, *In der Trauer lebt die Liebe weiter,* mit Fotos v. R. Briese (Kösel: München, 1999), 10.

22 Prediger 7,2–4a.

23 James William Worden, *Beratung und Therapie in Trauerfällen: Ein Handbuch,* aus d. Amerik. v. T. M. Höpfner (Hans Huber: Bern, Stuttgart, Toronto, 1987), 41.

24 Das stellen allerdings auch die Vertreter der Phasenmodelle nicht in Abrede. Der Trauerforscher Yorick Spiegel sagt z. B.: »Ein Trauerverlauf ist nicht voraussagbar, dazu sind die Formen der Beziehungen, die den Trauernden mit dem Verstorbenen verbanden, zu verschiedenartig; die Umwelt reagiert sehr verschieden, und die Ressourcen und Bewältigungsmechanismen, über die ein Trauernder verfügt, wechseln von Person zu Person. Es gibt weder *den normalen* Trauerverlauf noch *die angemessene* Readaption.« Yorick Spiegel, *Der Prozess des Trauerns:* © by Gütersloher Verlagshaus, Gütersloh in der Verlagsgruppe Random Hous GmbH, München, 75.

25 Erika Schuchardt, *Warum gerade ich…? Leben lernen in Krisen – Leiden und Glaube. Fazit aus Lebensgeschichten eines Jahrhunderts,* mit Bibliografie der über 2 000 Lebensgeschichten von 1900 bis zur Gegenwart, alphabetisch, gegliedert, annotiert, Geleitworte des Ratsvorsitzenden der EKiD, der Generalsekretäre des LWB/LBF und des ÖRK/WCC, 11., überarb. u. erw. Aufl. (Vandenhoeck & Ruprecht: Göttingen, 2002).

26 J. Bowlby, Verlust, 138.

27 C.S. Lewis, Trauer, 72 f.

28 Martin Grabe, »Ist die Trauer die ›kleine Schwester‹ der Depression?«, in: Psychotherapie und Seelsorge (2007) 1, 38.

29 Entnommen aus: *In meinem Herzen die Trauer,* hrsg. von Lis Bickel/ Daniela Tausch-Flammer, HERDER spektrum, Bd. 5090, S. 100f © Verlag Herder GmbH, Freiburg im Breisgau, 6. Auflage 2008

30 John Bowlby, *Das Glück und die Trauer: Herstellung und Lösung affektiver Bindungen,* aus d. Engl. v. K. Schomburg u. S. M. Schomburg-Scherff (Klett-Cotta: Stuttgart, 1982), 107.

31 Daniela Tausch-Flammer, *Die Zeit der Trauer: Eine Hilfe für Trauernde und Begleitende,* veröffentl. v. Diak. Werk der EKiD und Krebsverband Baden-Württemberg e. V. (Stuttgart o. J.), 15.

32 H. Risch, *Gott tröstet,* (R. Brockhaus Verlag, 2008), 9.

33 R. Schmidt, Tun, 209.

34 Nina Herrmann, *Ich habe nicht umsonst geweint: Eine Krankenhausseelsorgerin erzählt,* aus d. Amerik. v. B. Kamprad, 4. Aufl. (Kreuz: Zürich, 1987), 73.

35 D. Berghoff, Zeit, 16.

36 Marion Klug, Trilogie, in: Heike Reuther, *Stärker als je zuvor: Wie das Leben ohne Partner weitergeht – Frauen erzählen* (Marion von Schröder: Berlin, 2006), 103.

37 J. Bowlby, Verlust, 48.

38 R. Schmidt, Tun, 217.

39 Sabine Postel, »Du schaffst das schon!«, in: Heike Reuther, *Stärker als je zuvor: Wie das Leben ohne Partner weitergeht – Frauen erzählen* (Marion von Schröder: Berlin, 2006), 82.

40 Kordula Ullmann, Absturz in ein neues Leben, in: Heike Reuther, *Stärker als je zuvor: Wie das Leben ohne Partner weitergeht – Frauen erzählen* (Marion von Schröder: Berlin, 2006), 51.

41 Y. Spiegel, Prozess, 184.

42 entnommen aus L. Bickel, Herzen, 73.

43 Karin Titze-Ludwig, Auf eigenen Füßen stehen, in: Heike Reuther, *Stärker als je zuvor: Wie das Leben ohne Partner weitergeht – Frauen erzählen* (Marion von Schröder: Berlin, 2006), 147.

44 Y. Spiegel, Prozess, 67.

45 E. Schuchardt, Warum, 41.

46 J. Bowlby, Verlust, 236.

47 William Shakespeare, Hamlet Prinz von Dänemark, in: William Shakespeare, *Sämtliche Werke,* übers. v. A. W. v. Schlegel u. L. Tiek (Otus: St. Gallen, 2002), 494.

48 H. Risch, Gott tröstet, 39.

49 1. Thessalonicher 4,13.
50 Augustinus, zit. in: E. Brandes, Trost, 12.
51 D. Berghoff, Zeit, 21.
52 Epiktet, *Handbüchlein der Moral,* Griechisch/Deutsch, übersetzt u. hg. v. K. Steinmann (Philipp Reclam jun.: Stuttgart, 2004), 17.
53 E. Lukas, Trauer, 14.
54 D. Berghoff, Zeit, 19.
55 H. Risch, Gott tröstet, 50.
56 Erwin Brandes (Hg.), *Trost genug! Worte und Briefe an Trauernde, Trosterfahrungen und Gebete* (Steinkopf Verlag: Kiel, aus: Er ist unser Leben/ Martin Haug).
57 J.W. Worden, Beratung, 17.
58 Y. Spiegel, Prozess, 281.
59 Virginia Satir, *Kommunikation, Selbstwert, Kongruenz: Konzepte und Perspektiven familientherapeutischer Praxis,* Paderborn: Junfermann, 7. Auf. 2004, 243.
60 J.W. Worden, Beratung, 34.
61 Y. Spiegel, Prozess, 188 f.
62 Y. Spiegel, Prozess., 189.
63 Elisabeth Kübler-Ross, zit. in: Werner Thiede (Hg.), Über den Tod hinaus: Perspektiven und Fragen, kommentierte Dokumentationen, EZW-Texte (2001), 31.
64 Elisabeth Kübler-Ross, »Der Tod ist ein wunderschönes Erlebnis«, Interview in: Psychologie heute (1997) 12, 39. Sie fährt fort: »[E]in Hellseher in San Diego hat sie für mich heraufbeschworen, und seitdem erscheinen sie mir immer wieder in der Nacht. [...] Die Spooks hatten mir meine Kraft zurückgebracht. Schließlich haben sie auch Joseph zu mir geführt.« Joseph ist ein Wunderheiler, der sie regelmäßig besuchte und ihre Schmerzen wegtrieb. Ebd., 38 f. Ihrem Mann habe sie im Sterben »das Versprechen abgerungen, dass er mir eine Botschaft schicken wird, ob der Tod wirklich so schön ist, wie ich es behaupte. Und er hat es auch getan. In der Nacht nach seinem Tode lagen blühende Rosen im Schnee vor meiner Haustür. Ich wusste gleich, dass es sein Zeichen war« (ebd., 39).
65 J. Bowlby, Verlust, 220.
66 Y. Spiegel, Prozess, 189. – Ansätze zur Verharmlosung des Todes gab es schon in der alten Kirche, die versucht hat, in Abgrenzung zur »Trauigkeit der Welt« den Tod als ein freudiges Ereignis zu verstehen und dies durch ihre Praxis auszudrücken (ebd., 210). Metaphorisch wurde vom Tod als

188

»Schlaf« oder »Geburt« gesprochen (ebd. 213). So tröstlich das einerseits sein kann: Zur Ver-Tröstung und Leugnung der biblischen Grundaussage, dass der Tod der letzte zu überwindende *Feind* des Menschen ist (1. Korinther 15,26), wird es durch die Einseitigkeit.

67 J.W. Worden, Beratung, 39.

68 Peter Kutter, Psychoanalytische Depressionskonzepte, in: Gerhardt Nissen (Hg.), *Depressionen: Ursachen, Erkennung, Behandlung* (W. Kohlhammer: Stuttgart, Berlin, Köln, 1999), 43.

69 Ebd., 42.

70 Katrin Bischl, »Aus Enttäuschung klug werden«, in: Psychologie heute (2005) 5, 8.

71 Wie z. B. die Versendung der Traueranzeigen (ebd., 86).

72 Die Feuerbestattung sei überdies in der Aufklärung »mit einer bewussten Frontstellung gegen den christlichen Auferstehungsglauben« Mode geworden (Y. Spiegel, Prozess, 106). – Ein durch die Beerdigungspraxis entstehendes Platzproblem erkennt Spiegel nicht an: »Friedhöfe könnten ein Teil der notwendigen ›grünen Lunge‹ der Städte sein und damit verhindern, dass die Sichtbarkeit des Todes in unserer Gesellschaft weiter abgebaut würde« (ebd., 108).

73 Ebd., 112.

74 Dass Bestattungen überhaupt »kirchlich« sind, indem sie von einem Pfarrer durchgeführt und mit einer gottesdienstlichen Handlung versehen werden, ist ein verhältnismäßig junges Phänomen. Bis in die zweite Hälfte des 19. Jahrhunderts hinein war dies noch keineswegs selbstverständlich (Y. Spiegel, Prozess., 133f).

75 Klaus Berger, *Ist mit dem Tod alles aus?* (Gütersloher Verlagshaus: Gütersloh, 1999), 67.

76 Howard Clinebell, *Modelle beratender Seelsorge,* mit einem Nachwort von H. Harsch, aus d. Amerik. v. C. Hilbig u. W. Pisarski, 5., erweiterte Aufl. (Christian Kaiser: München, 1985), 168f.

77 Die Trauerkleidung hat eine lange Tradition. In alttestamentlicher Zeit hüllten sich Trauernde in Säcke. Die Farben der Trauerkleidung sind kulturabhängig: rot, schwarz, weiß oder braun (Y. Spiegel, Prozess, 251).

78 R. Schmidt, Tun, 215.

79 Spiegel diskutiert auch kritisch die Tatsache, dass in der kirchlichen Kasualverkündigung (Bestattungsverkündigung) das Thema »Gericht« so gut wie überhaupt nicht vorkommt, obwohl das Thema »Tod« in der Bibel sehr eng damit verbunden ist. Y. Spiegel, Prozess, 258–262.

80 Nina Herrmann, *Ich habe nicht umsonst geweint: Eine Krankenhausseel-sorgerin erzählt*, aus d. Amerik. v. B. Kamprad, 4. Aufl. (Kreuz: Zürich, 1987), 213.

81 aus Anny Hahn, *Es gibt einen lebendigen Gott* © Brunnen Verlag Gießen

82 Y. Spiegel, Prozess, 237.

83 Thomas Frister, *Laß deine Klage hören: Mit Verlusten umgehen* (Quell: Stuttgart, 1991), 39.

84 Ulrich Heckel, *Schwachheit und Gnade: Trost im Leiden bei Paulus und in der Seelsorgepraxis heute* (Quell: Stuttgart, 1997), 111.

85 Besonders zu erwähnen sind: Psalm 6; 10; 13; 22; 31,10–25; 42; 69,1–19; 71,1–13.17–24; 77,1–15; 86,1–11; 130,1–6; 142; Jona 2.

86 Waldemar Pisarski, *Anders trauern – anders leben*, 2. Aufl. (Christian Kaiser: München, 1988), 73.

87 T. Frister, Klage, 62.

88 In den Psalmen selbst scheint der Übergang von der Klage zum Dank oft sehr rasch zu erfolgen. Sie dokumentieren aber normalerweise »die zeitlich geraffte Darstellung eines Prozesses« (Rolf Sons, »Wie Rauch vergehen die Tage«, in: Psychotherapie und Seelsorge (2007) 1, 23).

89 Fjodor Dostojewski, *Die Brüder Karamasoff*, aus dem Russ. übertragen von E.K. Rahsin, 29. Aufl. (Piper: München, Zürich, 1999), 81.

90 Alle Autorenrechte liegen bei der Katholischen Akademie in Bayern; Romano Guardini, *Religiöse Gestalten in Dostojewskis Werk. Studien über den Glauben*, 7. Auflage 1989, S. 27, Verlagsgemeinschaft Matthias Grünewald, Mainz / Ferdinand Schöningh, Paderborn

91 Matthäus 11,28.

92 Marion Klug, Trilogie, in: Heike Reuther, *Stärker als je zuvor: Wie das Leben ohne Partner weitergeht – Frauen erzählen* (Marion von Schröder: Berlin, 2006), 106.

93 Das ist auch einer der Gründe, warum eine Selbsthilfegruppe zu empfehlen ist. Teilzunehmen am Leiden anderer relativiert das eigene Leid.

94 Epiktet, Handbüchlein, 37.

95 Psalm 90,12; L.

96 Karl Marx, zit. in: Mila Hanke, Warum wir trauern, in: Psychologie heute (2006) 4, 45.

97 H. Risch, Gott tröstet, 109.

98 Gottfried Keller, zit. in: Erich Schick, *Der Christ im Leiden: Ein Buch evangelischen Trostes*, 2. Aufl. (Furche: Berlin, 1937), 172.

99 Man hat gute Erfahrungen mit dem Einsatz von Progressiver Muskelent-
    spannung bei Trauerreaktionen gemacht. Zur Technik der Progressiven
    Muskelentspannung s. Hans-Arved Willberg, *Einfach entspannt: Das Wohl-
    fühlprogramm nach Jacobson,* 2. Aufl. (Hänssler: Neuhausen-Stuttgart,
    2007 [2005]). Diese und ähnliche Entspannungsübungen helfen auch bei
    der Regulierung des Atems, der nicht selten durch die Trauer beeinträchtigt
    ist.

100 Anne-Marie Tausch, *Gespräche gegen die Angst: Krankheit – ein Weg zum
    Leben,* (Rowohlt: Reinbek bei Hamburg, 1987), 269f.

101 H. Risch, Gott tröstet, 110.

102 1. Mose 19,15–26.

103 Matthäus 6,34.32.

104 Hebräer 10,35f.

105 D. Goleman, a.a.O., 267.

106 H. Risch, Gott tröstet, 42f.

107 D. Tausch-Flammer, Zeit, 16.

108 Entnommen aus Monika Müller/Matthias Schnegg, *Der Weg der Trauer,*
    HERDER spektrum Bd. 5476, S. 165 © Verlag Herder GmbH, Freiburg im
    Breisgau, 3. Auflage 2008

109 Anne-Marie Tausch, Reinhard Tausch, *Sanftes Sterben: Was der Tod für
    das Leben bedeutet,* vollständig überarb. Taschenbuchausgabe (Rowohlt:
    Reinbek bei Hamburg, 1996), 217.

110 Nadma Frenz, Verwaiste Eltern: Hilfe für Eltern, deren Kind gestorben ist,
    in: Psychologie heute (1998) 2, 16.

111 W. Pisarski, Anders trauern, 81.

112 Tief empathisch beschreibt der Schriftsteller Eric-Emmanuel Schmitt in der
    Novelle »Oskar und die Dame in Rosa« die Einsamkeit eines sterbenden
    Kindes aus dessen Perspektive. Ein aufrüttelndes Buch, das jeder gelesen
    haben sollte: Eric-Emmanuel Schmitt, *Oskar und die Dame in Rosa,* aus
    d. Franz. v. A. u. P. Bäcker (Fischer Taschenbuch: Frankfurt a.M., 2005).

113 Christl Sperlich, »Kinder trauern anders«, in: Psychologie heute (2006) 1,
    46.

114 In: Hermann Hesse, Das Glasperlenspiel, © Suhrkamp Verlag Frankfurt am
    Main 1946.

115 Antoine de Saint-Exupéry: Fragen, die erst beantwortet werden am Tor,
    in: Antoine de Saint-Exupéry, Gebete der Einsamkeit, (Karl Rauch Verlag,
    Düsseldorf 2000), 16.

116 In: Frieder Gutscher, Lebensmelodie, (CD, CAP Musik, Haiterbach-Beiihingen), 2003.

117 Adrian Plass, Schrei aus dem Herzen, in: Adrian Plass: *Unser Andachstbuch,* (Brendow, Moers 2000), 38 f.

118 Joachim Ringelnatz, Ich will in fremden Kleidern dir begegnen, in: Joachim Ringelnatz, *Das Gesamtwerk* (Diogenes, Zürich 1994).

119 Dietrich Bonhoeffer, Wer begreift die Auswahl, in: *Dietrich Bonhoeffer Lesebuch,* (Gütersloher Verlagshaus, Gütersloh 1987).

120 Fulbert Steffensky, Der Schmerz und die Gnade der Endlichkeit, Vortrag bei der Hospizarbeit im E. Johanneswerk.

121 Dietrich Bonhoeffer, *Widerstand und Ergebung: Briefe und Aufzeichnungen aus der Haft*, Hg. E. Bethge, Lizenzausg. d. Chr. Kaiser Verlages, 13. Aufl. (Gütersloher Verlagshaus Gerd Mohn: Gütersloh, 1985), 99.

122 Herbert Grönemeyer, CD: Mensch.

123 Jim Knopf, Drache Mahlzahn, in: Michael Ende und Franz J. Tripp, *Jim Knopf und Lukas der Lokomotivführer,* (Thienemann Verlag, Stuttgart 2004).

124 »Regenbogen«; Text und Musik: Frieder Gutscher,© cap-music, 72221 Haiterbach-Beihingen aus CD »Der Weg wächst im Gehen« 52 07051

125 Klaus Berger, Der biologische Tod ist eine Erfahrung des Lebens, in: Klaus Berger, *Ist mit dem Tod alles aus?,* (Gütersloher Verlagshaus, Gütersloh 2006).

* Jochen Klepper: Weihnachtslied, aus *Ziel der Zeit* – die gesammelten Gedichte Luther-Verlag, Bielefeld, 7. Auflage 2003

Nelly Block

Tabea und Lea – die siamesischen Zwillinge aus Lemgo

Gb., 13,5 x 20,5 cm, 160 S., mit CD und s/w-Fotos
Nr. 394.137,
ISBN 978-3-7751-4137-6

»Es sieht so aus, als ob die Kinder am Kopf miteinander verbunden, zusammen-gewachsen wären, siamesische Zwillinge anscheinend.«
Vor lauter grauen Flecken auf dem Foto konnte ich nichts sehen. Die Ärztin hatte mir irgendetwas Wichtiges gesagt und ich sollte es erkennen. Aber mir war plötz-lich so kalt. Ein taubes Gefühl verhinderte, dass ich denken konnte.

In diesem Buch erzähle ich, als Mutter, die Geschichte von Tabea und Lea: Ich berichte von der Schwangerschaft und wie Peter und ich dreizehn Monate mit den beiden gelebt haben. Manchmal habe ich mich beim Schreiben voller Liebe und Leichtigkeit an die gemeinsame Zeit mit Tabea und Lea erinnert.
An den Ereignissen während der Trennungsoperation und unserer tiefen Trauer über Tabeas Tod können Sie als Leser nun ebenso teilhaben wie an Leas Weg zur Heilung. Es ist kein objektiver Tatsachenbericht geworden. Oft war uns das Herz sehr schwer.
Doch die wichtigste Erfahrung hat Gott selbst tief in unser Herz geschrieben: Es lohnt sich, ihm zu vertrauen und auch den schwersten Weg mit ihm gemeinsam zu gehen, denn er gibt uns Kraft genug für jeden einzelnen Tag.

Nelly Block

Bitte fragen Sie in Ihrer Buchhandlung nach diesem Buch!
Oder schreiben Sie an: SCM Hänssler, D-71087 Holzgerlingen.